부부미술치료의 실제

Couple
Art
Therapy

김순초 저

머 리 말

부부의 기원을 성경에서 명확하게 말해주고 있다. 에덴동산에서 여자가 남자의 갈빗대로 지음 받은 일은 남자와 여자의 관계성을 나타냄과 동시에 부부의 기원을 말해 준다. '아담' 이 홀로 지내는 것을 좋지 않게 여기시고 돕는 배필을 지으셨다는 구절이 말해 주는 것은 하나님께서 부부관계는 서로 사랑하고, 소중히 여기며 존중하고, 따뜻한 가슴으로 살아가도록 창조하셨다.

참 사랑의 관계는 자신을 감추는 것이 아니라 오히려 자신을 드러내는 것이다. 부부는 서로의 단점을 사랑으로 덮어주고 서로 격려하며 살아갈 때, 성숙한 부부로 성장할 수 있다.

인간의 처음 가정은 거룩하고 아름다운 공동체였다. 가정이 행복하려면 부부관계가 좋아야 한다. 부부관계가 중요한 것은 부부의 행복만이 아니라 아직 미성숙한 자녀들에게 직접적인 영향을 주기 때문이다.

부부는 만나기 이전에 서로 오랜 시간 각자 다른 환경에서 살아왔고, 서로 다른 가치관을 쌓아왔고, 각자가 속해 있는 공동체 안에서 서로 다른 역할을 하며 살아왔다. 그 과정에서 상처와 아픔들을 받았고 그로 인한 욕구들이 채워지지 않아서 그것이 결혼생활의 갈등요인들이 된다.

본 저자는 오랫동안 가족상담을 해왔으며 특별히 부부상담전문가로서 많은 위기의 부부들을 만났다. 하나같이 그들은 반복적인 갈등의 원인이 자신의 배우자에게 있다고 서로를 비난하며 폭력적인 언어로 서로 비난하고 있다. 상담사를 찾는 부부들은 이미 일상에서 수없이 시도해서 반복적으로 실패한 대화로는 절대로 문제 해결이 될 수 없을 거라는 절망감을 근본적으로 가지고 있다.

이 책은 지나치게 언어에 익숙해져서 이미 말로 표현하는 것에 교묘해진 우리에게 언어가 가진 진정성의 한계와 수 천 단어로도 사람의 감정을 제대로 표현하지 못하는 언어가 가진 표현의 제약을 뛰어 넘을 수 있는 새로운 의사소통의 방법으로 부부를 상담하는 방법을 가르쳐 주고 있다. 편안하고 안전하기 때문에 내면의 깊은 상처와 그 원인들이 내적 이미지 언어와 연결되어 마음 속 그대로 솔직하게 표현되면서 부부는 치료되고 변화되어 간다.

상담사로서 매 순간 변화의 과정 속에서 부부가 마음 속 깊이 연결되어 치유되는 모습을 보는 것은 항상 새롭게 요동치는 감동과 설렘이다. 마치 단짝에게 고이 간직해놓은 나만의 비밀을 알려주고픈 사춘기 시절의 소녀처럼 부부를 치유하고 싶어 하는 모든 상담사들에게 어떻게든 그 감동의 방법을 전하고 싶다.

부부미술치료는 언어적 상담보다 긴장감이 적고 서로 눈치 보는 일이 없어서 부부가 자연스럽게 내면의 깊은 무의식까지 들어간다.

상처 난 근원과 아픔을 깨닫게 되면 배우자와의 깊은 이해와 부드러운 소통의 경험이 이루어지고 소리 없는 눈물, 통곡하는 절규가 터져 나온다.

부부미술치료 상담사로서 부족한 부분이 드러나게 되어 벌거벗겨지는 것 같은 부끄러움도 있지만 용기 내어 출판을 하게 된 이유는 언어적 상담의 한계를 느낄 때 비언어적 접근으로 부부상담을 이끌어 가면 부부가 전혀 상상하지 못했던 상처를 만나게 되고 부부갈등의 근원들을 알아차려가게 되는 놀라운 치료 경험들을 목격하는데 그 경험을 반드시 동료 상담사들과 나누고 싶었기 때문이다.

이 책은 부부미술치료 실제 내용과 부부미술치료로 상담을 진행한 과정을 그대로 담았다. 책을 쓰기까지 가장 어려웠던 것은 부부상담과 미술치료의 대중화 흐름에도 불구하고 부부를 대상으로 하는 미술치료에 참조할만한 전문 서적이 전 세계적으로 거의 없다는 것이다.

부부미술치료를 체계적으로 공부하거나 실용적으로 부부미술치료에 참고할 수 있을 만한 전문서적은 아니지만, 다행히 플로리다주립대학 미술교육학 박사학위논문 중에 'Evaluating the use of art therapy with couples in counseling: A qualitative and quantitative approach' (저자: Dina Lech Ricco)라는 부부미술치료에 관련한 연구자료가 있어서 책을 쓰는 데 많은 도움이 되었다.

이 책이 나오기까지 많은 분들의 수고가 있었다.

먼저 책이 나올 수 있기까지 모든 출판, 진행과정을 포함하여 추천사까지 마다 않고 써주신 김상인 교수님께 감사드린다. 여러 날 밤샘 작업으로 자료를 정리한 정보배 실장과 번역과 표지 디자인을 맡아 애써 준 김훈석 박사에게 감사한다. 34년을 나의 편이 되어주고, 아낌없는 후원자가 되어 주는 사랑하는 남편 강희성 목사님, 아들 민규에게 감사한다. 동역하는 12명의 제자와, 기도해주신 새사람교회 모든 성도님들께 감사를 드린다. 끝으로 이 책의 실제 사례에 등장하는 함께 상담하며 치유되고 회복된 한 분, 한 분에게 깊은 감사를 드린다.

모든 상처 받은 부부들이 치유와 회복을 경험하는 순간을 꿈꾸며, 이 책이 부부상담전문가들에게 도움이 되길 바라고, 미술치료사, 그 외 상담전문가들에게 부부상담에 적용할 수 있는 귀한 도구로 쓰이기를 바란다.

"세상에서 치유되지 않는 부부의 상처는 없다."

2018년 10월

천안가족상담센터 상담실에서

김순초

추 천 사

부부가 한평생을 함께 행복하게 살아가기 위해서는 고도의 기술이 필요하다. 30여 년간 서로 다른 부모님과 환경에서 성장한 남녀가 조화롭게 살아가기란 쉬운 일이 아니다. 남녀가 결혼을 통해 부부가 되는 순간 그 가정에는 6명이 함께 살고 있다는 사실이다. 즉, 두 사람에게는 양가 부모님의 원가족적 사고가 서로 충돌하고 갈등을 시작하게 된다는 것이다. 따라서 현재 부부의 삶을 살아가고 있는 대부분의 부부들은 수많은 차고와 다툼의 과정을 통과하여서 가정을 유지하고 있는 것이다. 부부상담을 하면서 늘 경험하게 되는 것은 갈등과 다툼을 통해서 서로가 자신의 모습을 볼 수 있게 된다는 점이다. 이러한 점에서 본서가 담고 있는 임상적 부부미술치료 접근은 매우 효과적이다.

그동안 추천자가 본 김순초 박사님은 상담현장에 있는 임상미술전문가이다. 김 박사님이 지금까지 상담한 사례를 향후 책으로 펴낸다면 10년의 세월이 모자를 것이다. 김 박사님은 미술치료접근 방법 보다는 내담자의 영혼을 깊이 사랑하는 중심 가운데 상담을 한다. 아마도 이 부분이 오랜 친구로 지금까지 만남을 지속하는 이유 중 하나가 될 것이다. 김 박사님은 본서의 추천사를 부탁하면서 그동안의 자신의 임상을 간증으로 이야기 할 때에 그의 열정과 무엇인가 몰입하는 목소리와 표정은 지금도 생생하다. 아무쪼록 본서가 이제 부부상담사의 길을 가는 분들과 이미 현장에 있는 상담전문가들에 필독서가 되길 바라며 추천한다.

2018년 10월
한국행복가정상담아카데미 대표
김상인 박사(Ph.D.)

차 례

부부미술치료 이론

부부미술치료 임상사례

[우드락 공동작업] '여름'이라는 주제로 주재료인 우드락과 모루 등 다양한 재료로 꾸며본 공동 작품.

제1장 미술치료란?

[가을동산 꾸미기]

제1장 미술치료란?

1. 미술치료는 심상의 표현

미술치료는 개인의 감정과 정서, 신체에 심한 스트레스를 주는 감정을 표현하는 이미지까지 포함한다. 미술치료는 심상의 이미지를 변화시키고 표현함으로써 감정적 스트레스를 줄일 수 있도록 도움을 준다. 이는 자기 자신에 대해 생각하는 방식을 변화시킬 뿐 아니라 심신의 치유과정이자 시작이기도 하다. 미술치료는 개인의 감정과 정서, 특히 신체에 심한 스트레스를 주는 감정을 표현하는 이미지를 표출하게 되는 상담치유의 유용한 도구이자 기법이다.

2. 미술은 마음의 근원

미술치료의 원시형태는 인류문화라는 양식을 만들기 시작하던 고대에서부터 찾아볼 수 있으며 사람의 흔적이 있는 곳이라면 빠짐없이 나타난다. 미술은 원시시대와 고대 이집트인들의 무덤 속에 그려진 신비로운 기호들, 티베트인들이 모래로 그리던 만다라에도 표현되고 있다. 아프리카 지역에서 사용했던 독특한 형태의 가면들은 우리에게 익숙한 미술작품이자 치유적인 의미를 담고 있다(Rubin, 1999).

문자에 익숙해진 현대인들도 누군가 '꽃' 이라는 단어를 들음과 동시에 무의식적으로 나만의 그림을 상상해서 '꽃' 과 관련지어 심상을 그리고 이미지를 만든다. 그림은 말보다는 더 깊은 마음속 안에 있는 '나' 만의 의미를 표현하거나 반영하는 도구가 된다.

[이미지 작업]
언덕 위에 큰 나무로 여유롭고 넉넉한 자신의 이미지를 표현함.

3. 미술은 마음을 그려내는 아름다운 대화

'나' 라는 한 사람이 그려내는 그림은 지문과 같이 결코 똑같을 수 없으나 신비하게도 비슷한 문화의 영향을 받은 사람들이라면 공통적으로 표현하는 부분이 있다. 따라서 그 의미는 서로가 쉽게 공유하고 이해할 수 있다. 어떤 표현을 말로 설명하거나 묘사할 때는 순서라는 것이 있어서 부분 부분에 대한 이해와 더불어 사고력을 통한 통합이라는 절차를 거쳐야 한다. 언어는 철저한 약속이 없이는 말하는 순서에 따라서 서로 거부감을 느낄 수 있다. 하지만, 서로 그린 '꽃' 그림을 보면서는 그 차이에 대한 비난보다는 오히려 본인이 상상해보지 못했던 꽃의 형태를 다른 사람에게 발견하게 되면서 오히려 신기해하며 관심을 갖는다. 대부분 미술을 통해서는 긍정적이며 수용적인 자세로 특정한 대상에 대해 상대방의 이해하는 방법이나 인지 방식을 받아들이려고 한다. 이것이 미술의 특징이다.

미술활동은 서로가 다르지만 자연스럽게 서로 같은 것을 찾게 하고, 서로 다른 차이와 시각에 대해서 열린 마음으로 이해하며 볼 수 있게 한다. 미술활동은 오랜 옛날부터 지금까지 전해져 내려오는 인간의 생각과 감정을 연결 하는 아름다운 도구가 되어오고 있다. 이런 미술의 장점을 이용해서 서로의 마음을 긍정적으로 수용적인 자세를 가지게 될 때 부부가 서로의 심상을 바라볼 수 있게 된다. 이것이 부부 미술치료의 장점이자 과정이다.

4. 미술치료의 발전과 한계

먼 옛날의 미술치료는 우리의 삶과 정신 속에 자연스럽게 녹아져 있는 형태이다. 문명의 발달과 함께 지금의 미술치료 형식과 유사한 전문적인 미술치료가 시작되었다. 1900년대 초기에 미술치료는 체계화되고 구조화되기 시작했다고 볼 수 있다(Reynolds, Nabors & Quilan, 2000). 1940년대에는 미술치료에 관한 전문서적을 출판했으며, 1960년대에는 미국에서 American Art Therapy Association라는 미술치료협회가 출범하였다. 미술치료는 발전과 확장을 거듭하여 현재에는 국내에 널리 보급되었으며, 모든 연령과 계층, 다양한 분야에 독립적으로 또는 통합적으로 상담에 적용되고 있다(Junge & Asawa, 1994). 미술치료가 하나의 전문분야로 자리 잡아 가면서 미술치료에 대해 크게 세 가지 견해가 생겼고, 그 효과에 대한 연구도 전문적으로 이루어지고 있다.

[가보고 싶은 곳]
'가보고 싶은 곳'을 주제로 집단원이 함께 그린 이집트 여행.

5. 미술치료에 대한 견해

첫 번째로 Naumburg의 견해에서는, 그림은 자신의 내적인 꿈이나 환상을 직접적으로 표현하는 방식이어서 언어보다 무의식과 더 직접적인 연관이 있다고 보았다. 이 견해는 의식에 의해 왜곡되지 않게 표현된다고 보았기 때문에 상담사가 그림이 나타내는 것을 보고 능숙하게 해석하여 상담에 효과적으로 이용하는 것을 중요시 여겼다.

두 번째로 Kramer의 견해는, 감정이라는 것은 말로 표현하기에는 지나치게 강렬하여 언어의 한계에 가로막혀서 언어로는 제대로 표현될 수 없을 가능성이 많다. 따라서 미술표현은 자신의 감정을 그대로 표출할 수 있는 것, 그 자체에 치유의 효과가 있다는 입장이다. 미술 표현은 감정의 원래 모습에 대한 직관을 얻고 통합적으로 바라보게 된다. 그동안 풀지 못했던 문제에 대해 새로운 관점을 자연스럽게 얻게 될 수 있다는 것이다. 즉 미술 자체의 치료효과에 주목했다.

세 번째로 Ulman은 미술을 이용한 상담과 미술자체의 치료효과를 통합하여 설명하고자 노력했다. 미술표현 자체가 주는 통찰에 의한 치유력에 상담사가 해석한 관점을 통한 치료를 촉진하는 것이다. Ulman은 표현된 그림은 심리를 해석하고 진단하여 치료하는 방법으로 그림을 창조해 내는 과정에서 환자에게 생기는 통찰력에 집중하여, 치유 효과를 강조하는 통합적인 방향으로 미술치료를 해석했다.

6. 미술치료 효과 입증의 한계

미술치료의 이론적 접근과 견해가 무엇이든 그 해석에 관계없이 그 뒤에 숨겨진 효과에 대해 상담사들은 실감할 수밖에 없다. 그럼에도 불구하고 미술치료는 상담사례를 통해 대부분 그 효과를 언급하는 수준이고 그 뛰어난 효과를 충분히 입증할만한 자료와 연구방법은 부족하다. 더욱이 부부미술치료는 더 부족하여 전문적인 효과검증을 토대로 연구가 필요하다(Rosal, 1989).

더욱이 미술치료의 영험한 효과에도 불구하고 현재 우리사회에 '암' 만큼이나 재앙이 되어버린 '부부문제' 해결을 위한 미술치료에 대한 것은 알려진 바가 거의 없는 실정이다. 부부미술치료 영역은 체계적이지 못할 뿐만 아니라 구체적인 형식마저도 제대로 소개된 바가 없어서 대다수 상담전문가들이 쉽게 선뜻 적용하지 못하고 있다. 그나마 상담전문가들이 미술치료의 장점에 대한 매력 때문에 부부관계 개선을 위해 단순히 임상적으로 사용하고 있다.

제2장 부부를 위한 미술치료

[집단상담 데코]

제2장 부부를 위한 미술치료

1. 변화하는 부부관계

급속한 문화의 변화는 부부가 살아가는 방식을 근본적으로 흔들어버렸다. 그 결과 부부관계에 패러다임의 변화가 일어났다. 인간이 고된 육체적 노동으로부터 어느 정도 해방되었고, 각종 질병을 극복해나가면서 삶은 여유로워 졌으며 수명은 길어졌다. 더욱이 문명의 혜택은 삶에 대한 기대치를 한없이 높여버렸고 경제적인 필요에 의한 결혼생활 유지라는 말은 이미 역사책에서나 찾아볼 수 있는 문화 양식이 되어 버렸다(Miles & Miles, 2000).

배우자의 선택은 로맨틱한 사랑을 우선하는 시대가 되었다. 대가족 체계에서 벗어난 현대인에게는 자녀양육 문제, 부부의 성문제, 경제적 문제 등 당면한 문제들이 산재해 있다. 오늘날 부부는 그 무엇에도 자유롭지 못하고 있는 실정이다. 이러한 상황과 환경은 부부 갈등과 더불어 위기부부가 점점 늘어나고 있는 원인이 된다.

21세기에는 부부간의 동등한 책임과 역할 부여라는 새로운 혁명적인 관계가 부부사이에 강요되고 있다. 그러나 부부들은 미처 적응하지 못한 채 이혼은 늘어만 가고, 실패를 교훈삼아 다시 한 번 노력해 보고자 시도한 재혼에서의 이혼율은 더 높은 것이 지금 우리의 현실이다.

다양한 변화 속에서 배우자간의 입장 차이에서 생기는 어쩔 수 없는 부부사이의 다툼은 이혼까지 번지게 하는 가장 큰 요인이다. 대부분의 부부들은 갈등을 해결해나갈 수 있는 기술의 부족과 잘못된 의사소통 방식을 가지고 있다. 부부미술치료는 이런 부부들이 문제를 스스로 해결할 수 있도록 도울 수 있어야 한다.

[물감찍기] '자유 주제'로 다가오는 봄날에 아름답게 핀 벚꽃을 생각하며 표현함.

2. 부부미술치료가 가능할까?

역기능적 부부들은 의사소통이 잘 안 되고 반복적으로 자주 다투게 된다. 대부분의 부부들은 원활한 의사소통을 개선하기 위해서 관련 서적을 뒤적거려서 방법을 찾아보거나 부부관계 개선에 관한 강연이나 토크쇼를 찾아 시청한다. 이런 경우 일시적으로 만족을 얻을 뿐 대부분 장기적으로는 성공적이지 못하다. 부부문제 해결을 위해 의사소통방법을 개선하려는 근본적인 방법이 필요하다(Larson, 2000).

미술치료는 일상의 언어로는 해결할 수 없는 부부문제의 한계를 넘을 수 있는 활동치료의 한 분야이다. 부부가 그려낸 그림은 직접적이고 즉흥적이어서 부부내면에 그려지는 것들을 꾸밈이 없이 나타내준다. 언어라는 순차적이고 감정보다는 논리를 강요하는 표현법에 익숙해진 우리는 그 강요와 익숙함으로부터 자유로울 수 없다. 어떤 말을 하라고 하면 감정을 숨기게 되고 애매해지며 혹여나 실수를 할까 먼저 걱정부터 하게 된다.

이미 수만 번을 말로 시도해서 실패했을 부부에게는 그 상황과 문자언어 자체가 주는 압박으로 인한 스트레스가 점점 더 심각해 질 수 있다. 미술치료는 강요에서 벗어나게 하면서 거부감이 적고 서로의 방어기제를 거의 드러내지 않도록 하는 방식으로 부부간의 소통을 촉진하는데 유용하다.

미술치료를 통해 그려진 그림은 우리의 무의식과 관통되어 있어서 (Wadeson, 1980) 서로의 솔직한 생각과 감정을 나누는 데 탁월한 방법이며 이것은 삶 전체를 나누며 살아가야 할 부부관계에서 가장 필요한 일이다.

각자가 서로 만나기 전까지 살아오는 동안의 달리 쌓아온 신념의 차이, 각자가 달리 속해 있는 사회가 각자에게 요구하는 역할의 차이, 성별이 다른 데서 생기는 관점의 차이들에서 생기는 관계적인 문제들은 미술을 통해 진솔하면서도 안전하고 독특한 방식으로 드러날 수 있다. 각자의 경험이 만들어낸 관점과 감정의 진솔한 표현을 부부가 서로 나눌 수 있을 때 오랜 기간 동안 행복한 결혼생활을 할 수 있도록 서로의 성장을 돕는 긍정적인 변화를 서로에게 줄 수 있다.

이런 장점 때문에 나름대로 미술치료 상담사들이 미술치료를 부부상담에 응용하여 적용하고 있는 것이다. 다만 자료로 남겨진 사례가 너무 부족해서 접근하기 어렵게 느껴진다(Riley, 2003).

3. 부부상담의 중요성

부부상담이 중요한 것은 부부관계가 그들의 행복에도 직접적인 영향을 주지만 아직 미성숙한 자녀들에게 밀접한 영향을 주어 커다란 사회적인 문제가 될 수 있기 때문이다. 이혼을 하거나 과도한 부부간의 다툼이 있는 가정의 자녀들은 가정에서 소속감을 느끼지 못하여 인지적, 정서적, 사회적인 적응력에 좋지 않은 영향을 받게 되고 학습능력부진과도 관련되어 나타난다(Kelly, 2000).

부부간의 다툼은 직접적인 영향 외에 간접적인 영향도 있다. 부모가 양육에 제대로 참여하지 못하게 되고 훈육방식이 달라지며 양육을 일관된 방향으로 이끌어 나가지 못하게 된다(Krishnakumar & Buehler, 2000).

부모의 다툼이 끝내 해결하지 못해 파경에 이르게 되면 이혼 그 자체도 자녀에게 부정적인 영향을 미친다. 안정된 양육환경으로부터 농락당했다는 큰 거절감은 경제적으로도 불안함을 느끼게 한다. 경제적인 불안은 자녀에게 교육적으로나, 자녀의 자존감이나 정서적으로 안정감을 갖기 힘들게 된다. 부모의 이혼을 경험한 아이들은 또래 집단에 더 의존하게 되며 중독성 물질에 빠지게 될 가능성이 많아진다. 이혼한 부모 역시 관계의 결핍을 중독성 물질로 대체하려는 경향이 있다.

부모가 건강한 부부생활을 보여주지 못할 경우 대부분의 자녀들은 부모를 비난하거나 거부하게 되고 안정감을 잃고 고립감을 느낀다. 결국 부모의 도움에 대한 희망을 잃은 채 부모에 대한 믿음을 잃어 버린다(Oppawsky, 2000). 그런 자녀는 대체로 더 나은 본보기가 될 누군가를 찾아 부모로부터 속히 독립하고 싶어 한다.

부모자녀 관계는 어린 시절 초기에 형성되고, 아이들이 성장해감에 따라 일어나는 발달, 적응, 행복, 학습에 중대한 영향을 미친다(Orbuch, Thornton & Cancio, 2000). 또한 부모가 보여주는 관계 양식은 철저하게 자녀가 대인관계를 만들어 나가는데 있어 답습하게 되고 이혼마저도 답습하는 경우가 많다(Johnson et al., 1995).

단순히 성인이 된다고 부모와 자녀의 관계가 개선되는 것은 아니며(Amato & Booth, 1996), 가족이 제 역할을 하지 못한 가정에서 자란 아이들은 나중에 결혼해서 배우자의 행동을 더 부정적으로 바라보는 경향을 띄게 된다(Levy, Wamboldt & Fiese, 1997). 따라서 부부관계가 개선되지 못하면 그로 인한 사회문제는 유전병처럼 자녀들에게 번져서 끊이지 않는 사회문제가 될 수 있다.

4. 다투는 부부는 나쁜 부부인가?

부부관계에 있어 고통을 호소하는 부부들은 서로 지나치게 부정적인 시각으로 소통하고 부정적인 행동을 드러낸다. 이들은 배우자와 문제에 대해 이야기할 때 부정적인 어투로 반응하고, 배우자의 행동을 나쁘게만 받아들이려 한다. 그리고 배우자의 행동을 부정적으로 보고 부정적인 말로 반응하는 경우, 부부관계에서 고통을 서로 주고받게 된다(Levy, Wamboldt & Fiese, 1997).

자주 다툼을 하지 않는다고 만족스런 결혼생활이 되는 것은 아니다. 중요한 것은 어떻게 부부가 갈등의 상황들을 해결해나가느냐 하는 것이다. 그 모습을 자녀들이 자라면서 학습하고 자신들의 상호적인 관계에 적용한다. 결코 부부관계가 나쁘다고 해서 희망이 없는 것은 아니다. 어떤 면에서는 이미 자주 다툼이 있다는 것은 긍정적인 측면에서 바라보면 회복의 기회를 빨리 찾아갈 수 있다는 장점이 될 수도 있다. 다툼에 지쳐있는 부부에게도 부부미술치료는 얼마든지 회복할 수 있는 기회가 된다.

5. 미술치료는 성공적인 부부상담의 지름길

부부관계의 중요성에 관한 많은 연구 자료들이 말하는 것은 이혼, 부부간의 다툼, 갈등은 부부 서로에게 뿐 아니라 그 자녀들에게, 그 자녀들의 자녀들에게 대대로 부정적인 영향을 미쳐서 사회적인 문제의 직접적인 원인이 될 수 있다는 것이다. 그러므로 효과적이고 적절한 부부치료 기술은 사회적으로도 반드시 필요하다. 하지만 부부문제를 통해 드러나는 자녀문제와 가정의 문제가 너무나 각양각색이라서 이를 중재할 방법 또한 쉽게 단정 지을 수 없다.

부부 각자가 삶 속에서 학습한 각각의 고유한 생물학적, 정신적, 관계적 양식들이 가정이라는 한 공간 안에 어우러지면서 일어나는 갈등이 주는 도전 과제를 상담자가 효과적으로 중재할 수 있는 가장 쉬운 양식은 미술치료다. 미술치료만큼 부부 각자에게 내재된 중대한 정신세계를 쉽게 열어볼 수 있는 도구는 없다. 부부가 각자 멋대로의 의미를 품고 있는 정신세계를 펼쳐볼 수 있다는 것은 상담을 할 때 두 사람간의 장애물을 성공적으로 제거하는 가장 유용한 도구다(Barth & Kinder, 1985).

예술 창작을 통한 부부의 중재는 부부가 지속적으로 풀어내지 못해 힘겨워했던 서로의 장황한 암호를 풀어가는 데 도움이 되는 참신한 방법이다(Riley & Malchiodi, 1994). 상징적인 기호나 도표를 포함하여 그림으로 표현되는 은유적인 표현들은 내담자와 상담사간의 소통을 통해 위협적인 요소 없이 강력하고도 직접적인 소통과 분석이 가능하다. 상담사가 내담자의 은유적인 표현들을 그대로 사용하여 활용할 수 있을 때 상담사는 아주 참신하면서도 내담자의 상황에 가장 적합하게 중재할 수 있다(Riley & Malchiodi, 2003). 미술활동을 통해 나타나는 내담자의 표현은 그려지거나 만들어진 그대로 상담사에게 수용되고 상담사에 의한 표현의 훼손 없이 그대로를 가지고 상담사와 소통할 수 있기 때문에 가장 적합한 중재법이다. 이러한 미술활동은 특히, 부부문제를 위한 매우 좋은 치료도구가 된다.

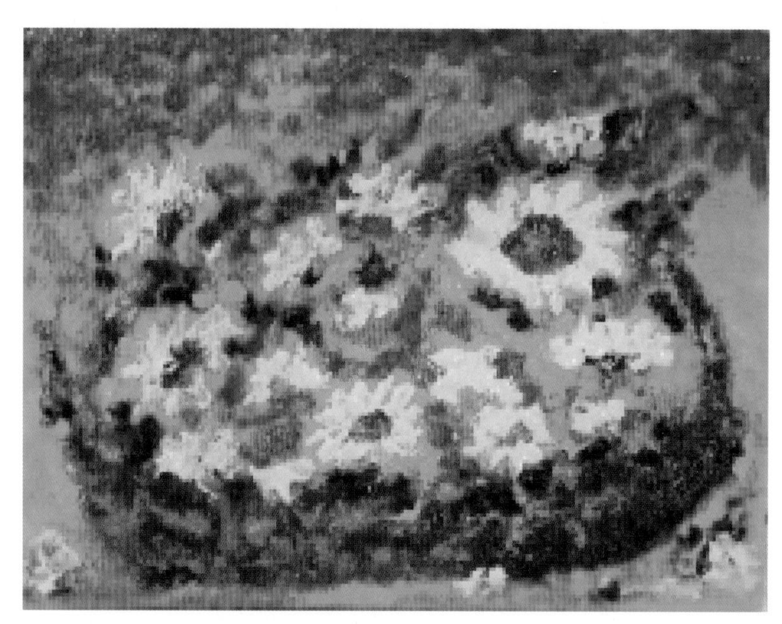

[물감찍기] 큰 우물에 예쁜 꽃이 띄어져 있는 아름다운 모습과 우물의 물이 흘러넘치는 샘솟는 자신의 이미지를 표현함.

제3장 왜 부부미술치료인가?

제3장 왜 부부미술치료인가?

21세기에 나아가야할 부부, 가족상담의 바람직한 연구 방법으로 제시된 5가지가 있다(Gottman & Notarius, 2002). 이것은 실제 상담에서 이루어져야 할 조건이나 환경이기도 하다.

첫째, 상담실이라고 인지하는 순간 감정적으로 경직될 수 있는 것을 피할 수 있는 자연스러운 환경

둘째, 지속적인 상호작용 양식이나 방식 관찰

셋째, 긍정적인 관계법

넷째, 개인의 특성과 그 특성이 부부관계에 미치는 영향 관찰

다섯째, 결혼생활에까지 영향을 미칠 수 있는 스트레스 관리

소개된 다섯 가지는 이미 소개되었거나 앞으로 언급할 미술치료의 특성과 떼어놓을 수 없는 것들이다.

1. 미술로 초월하는 언어의 한계

상담소를 찾는 부부들 대부분은 내 배우자가 내가 가지고 있는 색안경과 똑같은 색안경을 끼고 세상을 바라봐 주기를 원한다(Riley, 2003). 보고 인지한다고 하는 것에는 항상 주체가 있고, 그 주체는 우리가 사는 환경이 설정한 방향에 따라 개인의 특성대로 정보처리를 처리하는데 그 수용능력과 방식은 서로 너무 다르다(Gardner, 1999). 그런데 부부를 효과적으로 서로 이해시키기에 언어라는 도구는 인간이 항상 쓰는 만큼 너무 능수능란하지만 서로의 감정을 읽어주기에는 부족한 면이 있다. 인간은 좌뇌 위주의 사고 중심적인 작용이라서 문제를 해결하기 위한 핵심을 파악하기에 스스로 어렵게 하려는 경향이 있다. 반면 미술치료는 작업 중심의 문제해결법으로 미술로 표현한다는 것이 공간적, 언어적, 개인의 내재적, 관계의 이해에 대한 표현을 동시에 나타내는 것이기 때문에 서로의 종합적인 생각과 감정을 쉽게 나눌 수 있는 방법이다.

말로만 이루어지는 상담에서는 언어의 제약을 받는 반면 부부미술치료는 그 제약을 초월하여 훨씬 많은 것을 동시에 정확히 나타낼 수 있다. 또한 우리의 삶과 자연스럽게 연결되어 그려지는 것이 그림이기 때문에 치료가 말로 이루어질 때와 같이 의식적이지 않고 편안하고 자연스럽게 깊은 내면의 무의식 작업으로 연결될 수 있다.

2. 함께 하는 부부미술치료

부부상담은 부부가 함께 서로를 알아줄 수 있을 때가 좋다(Riley & Malchiodi, 1994). 부부는 보통 원가족으로부터 비슷한 수준으로 개별화 된 사람끼리 끌리게 된다. 원가족으로부터 얼마나 독립적인지 아는 것이 중요하며, 배우자끼리 아주 평범한 듯이 보이는 것들을 나누는 순간에도 부부는 어린 시절에 겪었던 친밀감 형성이나 애정에 대한 갈망의 순간들을 드러내 보이게 된다. 또한 부부상담에서 부부관계에 초점을 맞추는 것은 당연하지만, 관계에 집중한 나머지 개인적인 부분 또한 놓쳐서는 안 된다.

사회구성주의에서는 이 세상은 모든 사람이 각자만의 독특한 구조로 세상을 발명한 것이라고 본다. 다른 유형의 사람은 세상을 다르게 바라보도록 미리 정해졌다고 말하고 있는 융 심리학의 이론은 사람이 얼마나 다른 가를 가늠할 수 있는 척도가 된다. 관계적인 것 이전에 개인의 경향과 특성도 상담사가 놓쳐서는 안 되는 중요한 임무다.

관계적인 것이든 개인적인 것이든 상담사가 모든 것을 매순간에 놓치지 않고 파악하여 중재하기는 매우 힘들다. 때로는 그 순간에 다뤄지지 않으면 그 문제에 대해 다시 언급하기 힘들어져 버리는 경우도 많다. 시간의 흐름 속에서 말은 사라지고 사라지려는 순간에 의미가 되는 것들을 찾아서 잡아두어야 하는 것은 상담사에게 엄청난 정신력을 요구한다.

내담자가 표현하는 그림 안에는 내담자와 함께 내담자의 생활공간을 비롯하여 가족들과의 관계와 역할이 동시에 모두 표현된다. 이것은 말로 이루어지는 상담에서는 불가능한 작업이기 때문에 개인 상담이 아닌 관계를 주로 살펴야 하는 가족상담이나 부부상담에서 이보다 더 적합한 상담기법은 없다. 더불어 감정이라는 것은 그대로를 언어로 표현하기에는 너무 강렬할 수도 있다. 하지만 그림으로 표현한다는 것은 정해진 형태가 없고 은유적인 소통 방식이기 때문에 초자아의 방어와 통제를 약화시켜서 애매해지거나 조작될 가능성이 적다(Kwiatkowska, 1967).

내담자만의 세상을 들여다 볼 수 있는 창문이 그림이다. 내담자가 그림을 그릴 때는 창조와 동시에 문제를 해결하고 다스릴 수 있도록 자신만의 세상으로 다른 사람을 초대한다(Riley & Malchiodi, 1994).

서로 다른 두 사람이 만나면 문제는 반드시 존재한다. 그렇다면 문제를 해결하는 두 가지 방법이 있다. 극복할 수 없는 장벽이 있다고 받아들여 체념하거나, 아니면 다른 사람만이 가지고 있는 세상에 대한 관점에 대해 저 사람만이 가능한 통찰력이라는 것을 겸손하게 인정하는 것이다. 전자는 제 멋대로 살아가는 길이고, 후자는 다른 사람의 관점을 이해하고 그것으로부터 새로운 것을 인정하고 배워서 내가 세상을 바라보는 시각의 지경을 넓혀 성장하는 길이다(Singer, 1972).

3. 부부가 그림을 창조하는 의미

마음에 떠오르는 것을 그림으로 그린다는 것은 대개는 늘 하던 방식에서 벗어난 낯설지만 새로운 것이며 창조적인 활동이다. 그렇기 때문에 오랜 기간 서로에게 고정된 믿음에 대해 의식의 조작에서 벗어난 원초적인 새로운 시각을 드러낼 수 있는 작업이 된다.

부부는 그림을 통해 표현하지 못했던 서로를 바라보게 되며 이미 익숙하고 다 알고 있는 방식이라 생각하던 것에서도 새로운 의미를 발견하게 된다. 그것으로 인하여 부부가 서로에게 그동안 생각지 못했던 것을 함께 창조해내고 싶은 욕구를 드러낼 수 있다. 미술작업은 서로의 욕구와 의지에 부합하는 미래를 건설하고픈 강렬한 동기를 유발시키는 좋은 치료도구가 된다.

미술치료를 하는 상담사는 부부가 만들어낸 세계관을 그림을 통해 볼 수 있고 그 세계관의 진가를 알아볼 수 있다. 그 직관을 통해 상담사는 내담자 부부의 이야기 속에서 이미 신화가 되어버린 벗어날 생각조차 할 수 없는 사고의 틀에 다양한 이론, 중재법, 미술기법을 활용하여 새로운 의미를 투영해 놓을 수 있다(Riley & Malchiodi, 1994). 상담자는 내담자가 선천적으로 문제를 해결해낼 수 있는 능력을 가지고 있다고 믿고 내담자 부부가 그들의 이야기를 새롭게 구성해낼 수 있도록 해야 한다.

내담자 부부는 그들이 가지고 온 '그들의 문제'를 스스로 '그 문제'로 다시 바라볼 수 있는 통찰력을 가지게 될 때 서로 비난하는 것을 멈추게 되고 함께 '그 문제'를 해결하고자 하는 능력을 발휘하게 되는 경우가 대부분이다. 미술치료의 장점이자 요지는 서로에게 그러한 통찰의 기회를 제공한다는 것이다.

통찰이라는 것은 상황에 대한 확고한 이해력이며 대개의 경우 언어적인 이해의 수준을 훨씬 뛰어넘는 것이다(Bigge & Shermis, 1999). 순차적으로 이해하고 그것을 논리적으로 조합하여 종합적인 이해를 얻어야만 하는 언어를 이용한 통찰은 많은 시간과 노력이 필요하다. 그러나 언어 이전에 마음 안에 모든 것이 융합되어 있는 원초적 형태를 그대로 그림으로 표현하게 되면 이미 그림을 그리는 순간에 통찰하게 된다.

[발 그림 그리기] 신체 발 본뜨기를 활용하여 다양하게 표현한 인물들의 모습.

4. 부부미술치료의 장점

이전에 아무리 많은 상담을 했더라도 미술치료 첫 회기에 그린 그림 한 장으로 새로운 많은 부부의 관계 양상을 명백하게 파악할 수 있는 것이 미술치료다(Barth & Kinder, 1985). 부부미술치료가 갖는 장점(Wadeson, 1980)은 미술치료 자체의 장점과 함께 다음과 같이 정리할 수 있다.

첫 번째로 말을 못해도 괜찮다. 말로는 이미 단절된 부부들이나 감정 표현을 말로 표현하는 데 서툰 부부들이라도 함께 직접 신속하게 참여할 수 있다. 말을 쉽게 꺼내지 않는 부부에게도 함께 하는 환경을 자연스럽게 만들어 줄 수 있다.

두 번째로 그림에서는 예기치 못한 것들이 드러나고 그것들은 때로 말로 표현하는 것보다 더 깊은 진실을 알려준다. 말보다는 익숙하지 않은 방법으로 표현하기 때문에 부부가 확고하게 믿고 있었던 오래된 믿음이나 서로에 대한 가정에 대해 의문을 제기하는 계기를 마련해 준다.

세 번째로 편안해진다. 표현하지 못했던 마음의 감정들을 원래의 형태 그대로 가감 없이 안전하게 그림으로 표현할 수 있기 때문에 미술은 마음의 평안을 가져온다.

네 번째로 그림은 공간적인 표현이다. 부부가 생활하는 공간 자체를 상징적으로 표현해 주기 때문에 개인 내면, 상호 관계만이 아니라 환경적인 요소를 동시에 드러낸다. 복잡한 부부관계에 일어나는 일들을 말보다 더 정확하게 동시에 보여줄 수 있다.

다섯 번째로 미술작품은 증거가 된다. 더 생각해보고, 반응하고, 확인하고, 다시 한 번 이해할 수 있는 구체적으로 볼 수 있는 뭔가가 있다. 한 번 감정이 지나가버리면 다시 그것을 불러오기 위해서는 비슷한 환경이 조성되어야 하는 어려움이 있다. 시간이 지나서 기억이 왜곡될 수 있는 언어에 비해 미술은 온전한 작품을 다시 보면서 서로 미술작품에 대해서 자연스럽게 다시 한 번 감정을 돌이킬 수 있는 계기를 마련해준다.

여섯 번째로 함께 하는 즐거움이 있다. 즐겁게 뭔가를 할 의욕이 없는 부부에게 자연스럽게 함께 그림을 그려나가면서 즐거움을 찾을 수 있게 해준다. 상담이 추구하는 패러다임의 변화는 부정적인 관계에 집중하는 것이 아니라 함께 기쁨을 공유하거나 관계의 친밀함이 강조될 때 발생한다.

일곱 번째로 뿌듯하다. 미술은 창작이다. 나만이 만들 수 있는 무엇인가를 창조해내는 데서 오는 뿌듯함은 성취감과 함께 행복을 준다.

제4장 성공적인 부부미술치료법

[집단작업] 모루 입체작업

제4장 성공적인 부부미술치료법

부부상담에 있어서 미술치료 기법을 쓰는 중요한 이유는 배우자와의 관계 저변에서 일어나는 상호작용을 드러낼 수 있기 때문이다. 그래서 미술치료는 부부상담의 주도구로 뿐 아니라 다른 상담프로그램과 연계하여 사용해 왔다. 그림은 감정을 해방시키는 좋은 매개체가 될 수 있다(Barth & Kinder, 1985).

부부가 서로 가지고 있는 문제들에 대해 이야기할 수 없거나 이야기하고 싶어 하지 않는 상황에서도 미술치료는 효과적이다. 말로는 못해도 그림으로는 잠시나마 머리가 조종하는 '나'를 내려놓고 뭔가를 그릴 수 있을 때가 많다.

미술치료가 성공적일 수밖에 없는 최대 강점은 언어로 표현할 경우 스스로 받을 수 있는 죄책감으로부터 자유로울 수 있다는 것이다. 마치 꿈에서 누구를 죽였다고 해도 별로 죄책감을 갖지 않는 것처럼, 나의 상상력이 창조해낸 그림에 대한 것에는 거리낌이 적다는 것이다.

미술은 부부가 서로의 개인적인 감정이나 태도를 드러내고 서로 알아 줄 수 있도록 촉진하는 좋은 기법이다. 예를 들어 부부사이에 성적인 행동에 대한 대화는 대화를 시도하는 것 자체가 어려울 수가 있다. 하지만 그림으로 그린 것으로부터 말을 꺼내기 시작하면 그와 연결해서 시작하기 힘든 말도 훨씬 쉽고 자연스럽게 할 수 있다.

부부에게 의사소통 방법을 훈련시키는 것은 만족스런 결혼생활을 오랜 기간 유지할 수 있도록 하는데 중요하다(Cole & Cole, 1999). 부부관계를 가장 해치는 것은 '화' 자체가 아니라 경멸, 호전성, 방어적인 자세라는 것을 감안하면 의사소통 방식이 중요하다는 것에는 의심의 여지가 없다.

어떤 상담이론을 근간으로 하든지 간에 부부가 서로를 비난하는 덫에서 빠져나오지 못하는 것은 다툼이 왜 그렇게 진행되어가는 지, 자신의 감정은 어떠한 지, 그것에 대한 직관을 얻는 기술이 부족하기 때문이라고 한다. 그 직관을 얻게 해주기 위해서는 개인 또는 부부에게 적합한 통합적인 치료가 필요하다(Lebow, 1984). 미술치료는 서로 말 없이도 그림을 통한 직관을 서로 먼저 나누도록 하는 활동이기 때문에 그 노력을 손쉽게 해준다.

다음에서는 부부상담에 필요한 기술들을 살펴보고 그에 따른 실제로 부부미술치료에서 가장 효과가 좋았던 부부미술치료기법을 소개한다.

1. 긍정적인 분위기 형성

부부관계에서 비난은 흔한 문제다. 비난이 좋지 않은 것은 그것이 계속되면 경멸과 멸시가 되어 혐오감으로 발전하고 비난을 받는 배우자는 방어적인 자세를 취하게 되어서 부부간의 다툼을 초래하기 때문이다. 다툼이 개인이 감당해낼 수 없는 지경까지 이르게 되면 살아남기 위해서 배우자와 담을 쌓고 무감각해지게 되는데 이것은 결국 파경에 이르게 되는 원인이다. 해결법으로 대다수의 부부상담사들이 중요하다고 생각하는 '경청하기' 훈련을 많이 거론하지만, 그 효과에 의구심을 제기 하는 학자들도 있다(Gottman, Coan, Carrere & Swanson, 1998). 경청자체에 대한 회의적인 태도가 아니라 이미 다툼에 의해 불능이 되어버린 부부에게 배우자의 말을 듣고 감정적인 반응을 기대하는 '경청하기'는 자칫 잘못된 방향으로 부부를 이끌어 갈 수 있다는 의미다. 부부상담에서는 무엇보다 부부 사이에 정서적으로 긍정적인 분위기를 형성하는 것이 먼저고 분쟁을 중재하고 조정하는 것은 그 다음이다. 결혼이 부부가 꿈꾸는 삶을 지지할 수 있을 거라는 확신을 갖게 해주는 것이 최종 목표다. 경험 많고 타고난 상담사에게는 긍정적인 분위기를 말로 이끌어 내는 데 다소 시간이 걸리더라도 가능하겠지만 일반적으로 어려운 일이다.

대부분의 미술치료를 통해서 부부가 서로 함께 긍정적인 분위기를 이끌어내는 데 어려움이 없고, 결혼이 부부의 꿈을 지지하고 있다는 확신을 주는 데는 '**물감 꾸미기**' 작업이 좋다.

2. 근본적인 상처 치유

결혼생활에서 배우자에게 적대감을 품게 되는 것은 사실 어린 시절의 상처에서 온다(Hendrix, 1988). 다윈의 진화론에서부터 거론된 자연의 법칙에 따르면, 살아있는 생명체는 살아가야 할 환경에서 안정되게 항상성을 유지하며 살아가기 위해 필요한 역할을 온전히 수행할 수 있도록 최적화된다는 것이다. 그 역할이라는 것은 독립적인 역할이라기보다는 구조 안에서 관계적이고 상호적인 역할이며 서로 간에 영향을 주고받는다(Caskie, 1994). 그렇기 때문에 가족은 *게스탈트*로 해석한다. 단순한 각 구성원의 합에 그 이상의 무언가가 더해진 형태라는 것이다.

나와 나의 배우자는 각자의 원가족 안에 한 구성원으로 태어나면서부터 가족의 일원으로서 부모자녀 관계, 형제 관계 등 여러 가지 관계 안에 적절한 역할을 하도록 강요되었다. 그것을 배우자가 서로 아는 것은 부부간의 적대감의 원인이 배우자가 아니라는 것을 깨닫고 문제를 함께 해결해나가는 자세를 갖도록 하는데 중요하다.

부부미술치료에서는 배우자의 어린 시절의 상처, 그보다 더 근원적인 가족의 구조적 문제점을 **'요람 그리기'**를 통해 서로 나눌 수 있다.

3. 근원적인 불안감

정서중심 부부치료는 애착이론을 근간으로 하는데 배우자간의 공격성을 잠재된 불안감의 결과로 본다(Johnson & Greenberg, 1988). 유아기 시절 양육자와 안정감 있는 애착관계가 형성되지 못하면 불안감이 잠재되어 이후 관계 형성에 필요한 발달에 부정적인 영향을 받는다(Beckerman & Sarracco, 2002). 이런 관점에서 상담사는 부부가 가지고 있는 불안한 감정의 원인이 되는 숨겨진 내용에 의해 나타나는 배우자에 대한 적개심을 다르게 바라보도록 해 줄 필요가 있다. 배우자가 느끼는 공포의 근원을 알아차릴 수 있을 때 배우자끼리 품고 있는 서로를 향한 의심과 적대감을 재해석할 수 있다. 배우자가 품고 있는 불안감의 근원을 성격의 문제라고 생각하게 되면 부부사이에 갈등과 다툼이 많아진다(Epstein, Baucom & Rankin, 1993).

부부사이에 서로 각자가 품고 있는 이해할 수 없는 공포감은 삶에서 서로 다른 집착과 기준을 갖고 살도록 만들기 때문에, 이것은 부부미술치료의 '**신체 아픈 곳 그리기**' 를 통해서 육체적인 것 뿐 아니라 정신적인 고통의 근원적인 요소를 서로 자연스럽게 드러내도록 하여 치유할 수 있다.

[신체 아픈 곳 그리기]
부부가 각자 자신의 신체 아픈 곳을 색으로 표현함.
평상시 아내가 전신의 통증으로 약을 먹어야 조금씩 나아진다며 전신을 노란색으로 본뜨고 있음.

4. 내담자의 태도

우리에게 잘 알려진 상담기법들은 대다수 그 효과가 충분히 입증되었다(Sprenkle, 2003). 결국에 부부의 변화는 그들의 정서적인 경험을 기존에 반복적으로 해왔던 통합 방식이 아닌 다른 방식으로 조합을 시도해야 가능한 것이다(Johnson & Greenberg, 1998). 그것의 주체는 상담사가 아니라 내담자이기 때문에 내담자가 스스로 해야만 하는 일이고 내담자가 적극적으로 그 일에 참여할 수 있는가가 상담 성공의 열쇠라는 것이다(Christensen et al., 1998). 결국 상담사는 내담자의 참여를 적극 유도하고 그 가운데 서로 감정을 잘 끄집어 낼 수 있도록 해야 한다.

대개 미술치료는 감정 표현을 위해 내담자가 특별한 노력을 기울이지 않아도 자연스럽게 이루어진다. 하지만 그림으로 표현하는 것에 너무 익숙하지 않은 나머지 시작하는 것조차 두려워하는 내담자의 경우 집단 부부미술치료를 활용하면 다른 부부들과 함께 자연스럽게 그 역동에 참여하게 할 수 있다.

5. 감정 표현 학습

매일 매일 인사를 주고받는 습관이라든지 일상에서 이뤄지는 고마움의 표현들이 누적되어서 낭만적인 순간이나 다툼의 순간 같이 커다란 감정적인 상호작용에도 영향을 미친다(Driver & Gottman, 2004).

일상에서 부부가 상호작용하는 방식도 중요하다. 배우자에게 매력을 느끼는 매 순간에 솔직하게 표현할 수 있다면, 한 마디를 하더라도 애정어린 말을 건넬 수 있다면, 항상 반갑게 인사를 받아줄 수 있다면 부부관계에 이보다 중요한 것은 없다. 부부들이 가장 쉽게 할 수 있기 때문에 그 만큼 사소하게 생각해서 간과해버리기 쉬운 부분이다.

미술치료를 통해서 부부에게 이러한 긍정의 표현을 연습시킬 수 있다. **'부부 이미지 표현'**, **'숨어 있는 편지 쓰기'**, **'점토인형 만들기'** 같은 부부미술치료는 일상에서 놓쳐 버린 부부간의 애정과 관심을 표현할 수 있도록 하여 일상의 감사와 애정을 축적할 수 있도록 도와주는 추천할만한 미술치료기법이다.

[점토인형 만들기] '가장 행복했던 나의 모습'과 '나를 웃게 만드는 사람'을 점토인형으로 표현.

6. 부부미술치료의 효과

특정한 집단을 대상으로 미술치료의 효과를 통계적으로 제공하는 연구는 많다. 하지만 상담사들이 알고 싶은 것은 몇 명을 대상으로 미술치료를 해서 그 중 몇 명이 평균 어느 정도 좋아 졌는가하는 자료가 아니다. 미술치료 전문가가 아닌 사람들이나 학술적으로 미술치료에 대한 관심이 있는 사람들에게는 읽을거리가 되겠지만 미술치료 전문가들은 미술치료를 통한 효과를 이미 장담하고 있기 때문에 미술치료의 효과 유무를 언급하는 것은 큰 의미가 없다.

상담전문가로서 관심 있는 것은 상담 과정 중에 내담자들의 심리가 변해가는 과정, 어떠한 기법이나 요인이 어떤 방식으로 내담자에게 영향을 미치는지, 미술치료를 통한 내담자들의 변화의 과정이 더 궁금하다. 보다 세세한 상담과정 효과에 대한 연구 자료가 필요하다. 그런 자료를 통해 상담사는 상담사로서 더 나은 상담을 임상적으로 적용할 수 있기 때문이다.

성별에 따른 미술치료 효과(Saunders and Saunders, 2000), 미술치료에 대한 현상학적 연구(Quail & Peavy, 1994), 미술치료가 아이들의 자기조절능력에 미치는 영향(Rosal, 1993), 정식적 장애가 있는 아이들을 대상으로 한 미술치료 효과 연구(Ball, 2002), 미술치료와 구술상담 위주의 치료 효과에 대한 분석(Shechtman & Perl- Dekel, 2000) 등 상담 전문가로서 상담기법이나 방법에 참조할만한 자료는 극히 제한적이다.

부부미술치료에 대한 것은 말할 나위 없이 더 부족하다. 아직 정해진 형식과 전문 이론도 없는 시점에서 직접적으로 참고할만한 내용이 없다. 미술치료사로서 이 현실을 이해하고 말해 두고 싶은 것은 미술치료의 응용범위와 효과는 글로 그림을 다 묘사하기 힘든 것처럼 부부미술치료에 대한 것을 이론적으로는 설명하기 힘든 부분이 많다는 것이다. 미술이 주는 직관을 언어의 논리력으로 설명한다는 것은 마치 해변의 정취를 모래, 물, 소금으로만 설명하려는 것과 다를 바가 없다.

이 부부미술치료의 절박한 현실에 작은 도움이라도 될 수 있기를 바라면서 단순한 부부미술치료에 대한 이해를 넘어 경험에 의거한 실제 부부미술치료에 도움이 될 수 있는 기법들을 다음 장에서 소개한다. 실제 부부미술치료에서 만족할만한 효과를 얻을 수 있었던 기법들을 상세히 기술하는데 인고의 노력을 쏟았으며, 어렵게 내담자들에게 부부미술치료를 받고 난 감동과 효과에 대한 답을 남길 수 있었다.

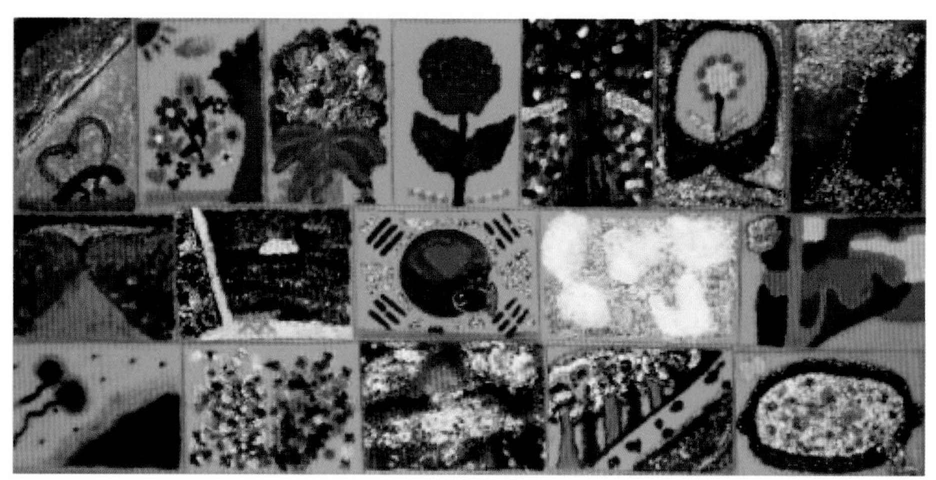

[물감찍기]

제5장 부부미술치료 어떻게 할까요?

[부부가 함께 하는 핑거페인팅]

제5장 부부미술치료 어떻게 할까요?

1. 미술치료를 위해서 그림을 잘 그릴 필요는 없다.

대부분 사람들은 미술치료라고 하면 “그림을 못 그리는데 어쩌죠?”, “그림으로 표현하는 것은 더 힘들어요.” 하며 주저하기도 한다. 그러나 걱정할 필요가 없다. 미술치료는 그림을 잘 그릴 필요도 없고, 특별한 교육을 받지 않았어도 가능하다. 여러 미술재료를 활용하여 미술작품의 형태를 원하는 대로 완성을 하지 못했어도 창조적 수준의 이미지를 상상하여 표현하는 것이다.

“무엇을 하고 있는가?”
“무엇을 느끼고 있는가?”
“무엇을 보고 있는가?”
“어떻게 느끼고 있는가?”
“각 부분은 서로 어떤 관련을 맺고 있는가?”
“이것은 당신에게 어떤 의미가 있는가?”

이와 같은 질문은 표현된 작품을 보며 무의식적 의사소통과 의식적인 의사소통을 표출할 수 있도록 돕는다.

2. 미술치료를 위해 몇 가지 준비물이 필요하다.

1) 기본재료

스케치북, 크레파스, 수채화 물감, 팔레트, 붓, 파스텔, 색연필, 사인펜, 마커, 매직펜, 미술용 연필(4B), 지우개, 가위, 풀 등

2) 선택재료

점토, 색모래, 반짝이, 리본, 색테이프, 색종이, 모조전지, 모루, 보석류, 갖가지 천, 레이스, 우드락, 사포, 상자, 잡지책 등

[찰흙과 철사를 이용한 공동작업] 설 명절의 풍경을 찰흙과 철사를 활용해 만들어 본 공동작업.

[자연물을 이용한 콜라주] 우드락 위에 가을 낙엽과 나뭇가지, 솔방울 등으로 만들어 본 콜라주.

3) 음악

- 부드럽고 조용한 음악, 가사가 없는 MR
- 자연의 소리로 된 음악
- 명상을 위한 클래식 음악

4) 치료할 공간

치료 공간은 조용한 곳으로 선택하라. 마음과 몸의 상처를 치료하며 자신의 내면의 깊은 작업이 이루어지기 때문에, 작업을 하는데 있어서 방해가 되어서는 안 된다.

5) 치료 시간

일주일에 1~2시간 정도 정기적으로 일정을 계획한다.

6) 상상해 보기

내적 이미지에 집중할 수 있도록 심호흡을 깊게 한다.

7) 이미지 표현하기 (작업)

미술 작업을 통해 표현된 이미지는 마음과 신체, 내적 변화를 가져올 수 있고 치료적 경험을 하게 한다.

[집단미술치료]

3. 집단미술치료의 방법

1) 집단의 크기

집단원의 상호작용과 역동을 일으킬 수 있는 충분한 인원이어야 한다. 성인 8~12명이 적당하다.

2) 집단의 구성

집단원들이 주제와 재료를 자유롭게 선택할 수 있는 비지시적 방법과 치료자가 주제와 재료를 제공하는 지시적 방법이 있다.
집단의 크기, 치료 기간, 집단원의 성향, 진행단계에 따라 다르게 적용 된다.

3) 프로그램의 선택

집단원들이 자기표현이 원활하고 서로 친밀한 관계가 이루어지며 집단원 자신의 작업과 공동 작업을 통해 자신과 집단의 변화를 인식할 수 있는 프로그램을 선택한다.

예) 나를 상징하는 이미지들, 인생 콜라주 등

4) 치료사의 역할

치료사의 역할은 지도자, 보조자, 집단원으로 다양하고 그 성격은 집단원의 성향, 크기, 목표, 치료기간 등에 의해 결정된다.

[영성과 집단미술치료] 집단 미술치료는 깊은 내면의 자신의 상처 치유뿐만 아니라 집단 무의식을 통해 자신을 통찰하고 타인을 이해하는 프로그램이다.

5) 진행과정

- 처음부분 : 친밀감, 편안함, 안전감
- 중간부분 : 활동에 몰입하며 깊은 경험을 할 수 있게 한다.
- 끝부분 : 시각적으로 표현된 자신의 작품을 언어화한다.
  집단원간 상호작용 격려를 통해 감정 공유를 한다.

[사포공동화 작업]
8개 조각의 사포위에 하나의 밑그림을 그린 후 집단 구성원에게 나눠주고, 각자의 조각을 보고 그림을 그린 후 다시 맞춰보는 작업으로, 거친 사포 위에 선명한 크레파스로 표현해 보는 재미와 다양성과 집단 무의식을 볼 수 있음.

부부미술치료의 임상사례

Couple
Art
Therapy

[사탕부케 만들기] 나에게 주는 선물

제6장

부부미술치료 실제 프로그램

부부미술치료

"부부미술치료는
부부치료 + 미술치료의 통합이다."

"부부미술치료는
미묘하고 섬세한 무의식적 표출 방법 중 하나이다."

제6장 부부미술치료 실제 프로그램

내용 세션	프로그램	제목
세션 1	이미지 표현	부부 이미지 표현
세션 2	점토인형 만들기	행복한 모습
세션 3	9분할법	나에게 가장 소중한 것
세션 4	숨어있는 편지쓰기	여보~! 고마워요~!
세션 5	물감 찍기	비전 세우기

세션 1. 부부 이미지 표현

미술의 이미지 표현은 우리가 언어로 인식하기 전에 우리의 경험을 통해 이미 형성된다.

예를 들어 '꽃' 이라고 말하기 전에 '꽃' 의 이미지가 먼저 떠오른다.
이미지 작업은 부부의 결혼생활 경험을 통해, 정서적 반응, 부정적, 두려움, 육체적, 감정적인 것들을 표현하는 것이다.
미술치료에서 표현되는 부부 이미지는 개인이 잘 모르는 무의식에서 나온 심리 상태의 메시지이다.

1) 활동목표

- 배우자의 이미지를 표현하므로 내면의 정서와 감정들을 만날 수 있게 된다.
- 이미지 작업은 부부의 긍정적인 모습을 표현하게 된다.

2) 준비물

스케치북, 크레파스, 파스텔

3) 진행 과정 (40분 정도 소요)

① 부부가 눈을 감고 함께 살아 온 지난날에 배우자의 모습을 생각한다.
② 배우자의 이미지가 떠오르면 눈을 뜬다.
③ 도화지에 떠오른 이미지를 크레파스나 파스텔을 이용해 그림을 그린다.
④ 다 그린 후, 이미지에 대해 부부가 서로 나눈다.

4) 실제 진행 멘트

이번 작업은 배우자에 대한 이미지를 표현합니다.

i. 눈을 감고 천천히 심호흡을 하며 각자의 몸이 안전한지 한번 느껴보세요.
ii. 그리고 지금껏 결혼생활을 하면서 함께 살아온 나의 배우자를 이미지로 떠올려 보세요.
iii. 천천히 나의 배우자를 생각하면서 배우자의 냄새, 배우자의 웃는 모습, 좋아하는 것, 화날 때 모습, 기쁘고 행복할 때 모습 등을 떠올려 봅니다.
iv. 배우자를 생각하면서 지금 떠오르는 그 사람에게 어울리는 이미지가 생각날 것입니다.
그 이미지가 떠오르면 눈을 떠도 좋습니다.
v. 떠오른 이미지를 크레파스나 파스텔로 그려주세요.
아주 간단한 모양이나 색으로 표현이 될 수도 있고, 아주 구체적이로 표현이 될 수도 있습니다.

5) 작품사례

[38세, 남편이 본 아내의 이미지] '언제든지 날 수 있는 봉황' 남편이 아내의 이미지를 봉황으로 표현했으며, 엄청나게 크고 힘이 있고 뭐든지 즉각적으로 할 수 있는 그런 봉황이라고 말했다. 남편은 아내를 생각하면 자랑스럽고 든든하다고 했다.

[38세, 아내가 본 남편의 이미지] '독수리가 알을 품고 있는 모습' 아내는 남편을 독수리로 표현했으며, 하늘을 나는 독수리가 지금은 둥지를 지키고 있는 중이라고 했다. 둥지를 보호하기 위해서 큰 날개를 펴고 있으며, 날아야 할 때 언제든지 바로 날기 위해 두 날개를 펴고 있다고 했다.

상담자 :
"이미지 작품을 완성하셨으면 발표해 보도록 하겠습니다. 누가 먼저 하실까요?"

남편 :
"네, 제가 먼저 하겠습니다. 제 아내의 이미지는 봉황입니다. 이 봉황은 굉장히 큰 봉황입니다. 사람들이 보고 깜짝 놀랄만한 큰 봉황입니다. 제 아내는 힘도 있고, 언제든지 자기의 능력을 발휘할 수 있는 사람입니다. 지금도 아내는 어려워도 어렵다는 표현을 하지 않고 자기의 일을 묵묵히 합니다."
"그런 아내가 너무 고맙고 미안한 마음도 있습니다. 때로는 아내에게 '너무 힘들지? 힘들면 잠깐 쉬어도 돼!'하고 말해주고 싶습니다. 그래서 제가 느끼는 아내의 이미지는 큰 봉황입니다."

아내 :
"와...! 정말요~? 요즘 내 자신의 존재가 미미하게 느껴졌었는데, 당신이 봉황으로 표현해주니까 가슴이 벅차네요.(눈물이 글썽임) 당신이 말하지 않아서 잘 몰랐는데 당신이 나를 생각하고 있었구나... 하고 당신의 마음이 느껴져서... 저는 한 번도 저를 대단하다고 생각한 적이 없어요. 아무도 저에게 그렇게 말해준 사람이 없었는데... 다른 사람도 아닌 당신이 나를 그렇게 화려하고 멋진 봉황으로 표현해 주다니... 말로 표현할 수 없을 만큼 기쁘고 감격스러워요."

남편 :
"쑥스럽네요. 평소에 그렇게 말하는 건 어렵지... 그런데 그림을 그리니까 말하는 것이 훨씬 편하네요."

아내 :
“예전엔 말하지 않는 당신이 좋았지만 지금은 이렇게 말하는 당신이 더 좋아요... 하하...”
“제 남편의 이미지는 독수리예요. 독수리가 정말 자유롭고, 저 창공의 주인처럼 마음껏 날아다닐 수 있는데, 이 독수리가 그것을 하지 않고 둥지를 지키고 있어요. 여기는 저하고 아들들을 상징하는 거예요. 그리고 이렇게 지켜주기 위해서 독수리가 창공으로 날아가지 않고 날개로 우리를 보호하고 있어요. 그리고 언제든지 날아오를 준비도 하고 있어요.”

상담자 :
“서로에게 받은 이미지로 인해 생각지도 못한 선물을 받는 기분이 들 것입니다. 보너스 받는 기분이 들 수 있어요. 두 분의 마음은 어떠신지? 좀 더 얘기해 주시겠어요?”

남편 :
“제가 가족을 지키고 싶어 하는 마음을 절묘하게 표현해 준 것 같아 뿌듯한 마음이 듭니다.”
“사실 저도 밖에 나가서 일하고 싶기도 합니다. 아직은 제가 가족을 지켜야 하는 시간이기 때문에 답답함을 참고 있는데, 아내가 저를 언제든지 날 수 있다고 말하니 시원한 마음이 듭니다. 하하하...”

상담자 :
(남편을 바라보며...)
“이미지 선물을 받은 지금의 마음을 아내에게 한 번 더 표현해 주신다면요?”

남편 :
“자유로운 영혼인 나에게 당신이 있어줘서 고마워!”
“그리고 나를 알아주는 것도 고마워!”

상담자 :
(아내를 바라보며...)
“아내분께서도 한 번 더 표현해 주세요.”

아내 :
“나를 봉황으로 표현해 줘서 놀랍고 당신이 내게 "잠깐 쉬어도 괜찮아"라고 말해주니까 마음이 편안하고 안심이 되요.”
“정말 고마워요. 봉황으로 표현해 준 당신에게 감동을 받았어요.”
“당신은 자유로운 사람인데, 그런 사람이 가정을 지키려고 애쓰는 모습이 더 고맙기도 해요.”

(배우자의 이미지를 그리고 있는 모습)

6) 프로그램 핵심

이미지는 마음의 내적 언어이다. 부부가 서로에 대한 새롭고 긍정적인 이미지를 표현함으로 내면의 정서와 감정들을 느낄 수 있게 된다. 배우자에게 받은 긍정적 이미지는 부부에게 새로운 사랑의 감정을 느낄 수 있도록 해준다. 이미지 작품은 마음의 감정 표현을 하게하고, 부부는 새로운 감정의 변화를 경험한다.

〈또 다른 이미지 표현〉

부부집단프로그램 첫 시작 이미지

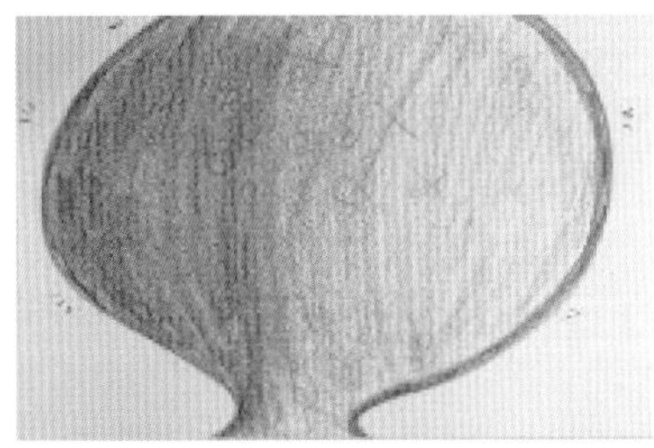

[남편 자신의 이미지]
부풀은 풍선처럼 금방이라도 터질 것 같은 분노, 화가 나있는 모습을 표현

[아내 자신의 이미지]
꼼짝도 할 수 없는 상자 안에 갇혀서 숨이 막혀 죽을 것 같은 모습을 표현

↓ ↓

부부집단프로그램 마친 후 이미지

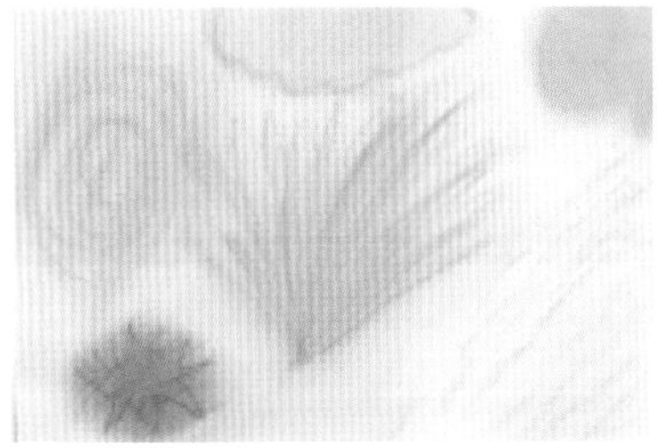

[남편 자신의 이미지]
감정을 터뜨리고 보니 마음속에 여러 가지 면을 볼 수 있게 되었음을 표현

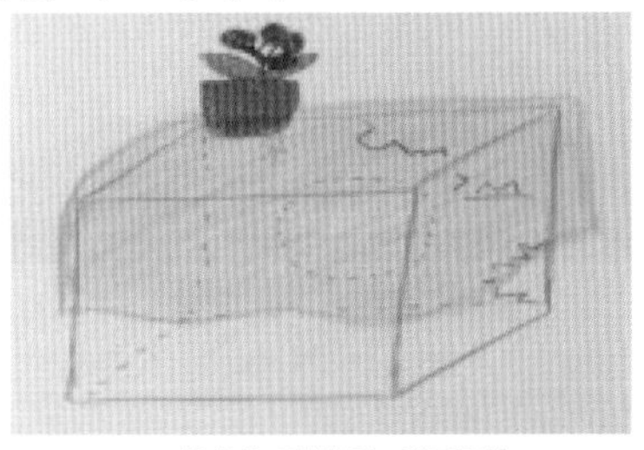

[아내 자신의 이미지]
자신을 가두었던 상자에서 나와 작은 화분에 꽃이 피어난 모습으로 표현

세션 2. 점토인형 만들기

흙은 우리 인간이 창조된 재료이다.

사람은 누구나 어린 시절 흙을 가지고 놀았던 즐거운 기억이 있을 것이다. 점토는 손의 촉각을 느끼고, 입체적으로, 자유롭게 표현할 수 있는 것이 장점이다.

점토는 간단한 도구와 손만으로도 다양한 형태를 만들 수 있고, 우리 내면의 세계를 표현하는데 충분하다.

점토작업은 자유로운 형태로 재변형을 하면서 부부에게 즐거웠던 일, 마음의 상처 된 일 등을 다양한 형태로 표현하므로 새로운 변화에 도움을 준다.

1) 활동목표

- 손의 촉각을 통해 감각, 감정을 느끼고, 질감의 정보를 받아들인다.
- 점토는 친근한 재료이며 아무 부담 없이 생각과 느낌을 자유로운 형태로 만들 수 있다.
- 방어기제 없이 배우자의 고통과 아픔을 자연스럽고 깊게 연결하게 된다.

2) 준비물

점토, 빈병, 조각칼, 물감, 팔레트, 붓, 물통, 물, 투명 락카

3) 진행과정 (60분 정도 소요)

① 점토를 사용할 만큼 준비한다.
② 마음껏 두들기고 주물러 보도록 한다.
③ 점토를 병에 꾹꾹 눌러가며 모양을 만든다.
④ 연결되는 부분이나 틈이 벌어지지 않도록 꼼꼼하게 문지른다.
⑤ 점토가 잘 마르도록 2~3일 정도 그늘에 둔다.
⑥ 다 마른 점토 인형을 물감으로 색칠한다.
⑦ 오래 보관할 수 있도록 투명 락카를 칠해준다.

4) 실제 진행 멘트

i. 부부가 함께 살아오면서 가장 행복했던 순간을 떠올려 보세요.

ii. 남편분은 아내가 가장 아름다웠던 모습을 떠올려 보세요.
웨딩드레스 입은 모습,
나를 바라볼 때,
웃어줄 때,
아이 수유를 할 때,
아이와 손잡고 있을 때,
안고 있을 때 등.

iii. 아내분은 남편의 가장 멋있는 모습을 떠 올려보세요.
처음 만났을 때,
출근 하는 모습,
나를 보고 웃는 모습,
운동하는 모습,
일하는 모습 등.

iv. 부부가 서로 가장 아름다운 모습과 가장 멋있는 모습을 떠올려 보세요.
각자 떠오른 모습을 점토로 만들어 볼 것입니다.

v. 점토는 즐거운 작업이고 스트레스를 해소하는 작업이기도 합니다.
점토는 많이 주무를수록 부드러워집니다.

vi. 점토를 땅바닥에 메치면 재미도 있고 스트레스도 풀립니다.
여러 번 내려치면 점토 입자가 부드러워져서 작업하기가 좋습니다.

vii. 충분히 주무른 다음 점토를 조금씩 떼어 준비된 병에 붙여가며 내가 원하는 모습을 만들면 됩니다. 만약 원하지 않는 모양이 되면 다시 떼어 내어 새롭게 작업을 해도 괜찮습니다.
아주 편안하고 자유롭게 작업해 주세요.

5) 작품사례

[아내가 만든 남편 모습]
첫아이를 낳았을 때
남편이 아이를 안고 있는 모습

[남편이 만든 아내 모습]
아내가 가족을 위해 기도하는 모습

상담자 :

"드디어 작품이 완성되었네요. 두 분께서 만드신 점토인형 작품에 대해 서로에게 말씀해 주시겠어요."

남편 :

"네...! 제 아내의 가장 아름다운 모습이 떠오른 것은 기도하는 모습입니다. 왜냐하면, 제가 위암수술을 하고 다 나을 때까지 제게는 아내의 기도가 가장 큰 힘이 되었습니다. 아내가 저에게 말로써 용기를 준 것 보다 조용히 눈물로 기도하는 모습을 볼 때면 힘이 나고 금방 나을 것 같았어요. 그때 저는 세상에서 가장 행복한 사람처럼 느껴졌습니다. 그래서 아내의 아름다운 모습은 무릎 꿇고 기도하는 모습입니다."

아내 :

"그때는 당신이 교회를 다니지 않았을 때인데, 나의 기도하는 모습을 아름다웠다고 해서 조금은 놀랐네요. 그때는 기도만이 희망이었고, 안도의 숨을 쉴 수 있는 시간이었어요."

남편 :

"사실 당신의 그런 모습에 감동을 받아 나도 교회를 다니게 된 거야."
"물론 애들 때문도 있었지만... 그래도 당신의 힘이 컸지..."

아내 :
“그런 얘기를 이렇게 듣게 되니까 가슴이 뭉클하네요. 저는 남편이 우리 첫 아이를 낳았을 때 안고 있는 모습입니다. 모유가 잘 나오지 않았고, 산후통이 심했는데 그때 남편이 우는 아이를 안고 돌봐주었어요. 밤낮이 바뀐 아이를 퇴근하면 늘 안아주었고 제가 힘들 때 많이 도와주었어요.”
……. (한참 침묵)

아내 :
“그때 생각하니까 눈물이 나네요. 지금도 멋있지만 그때 남편의 모습은 든든하고... 멋있고... 최고였어요.”

남편 :
“그래... 맞아! 우리 첫애가 밤낮이 바뀌어서 고생 좀 했지. 그래도 나보다 당신이 더 고생했었는데... 그래도 칭찬을 들으니까 기분이 좋은데... 하하”

아내 :
“그때를 생각하니까 기분이 새롭네요.”

상담자 :
“이 작업을 통해 서로에게 감사하는 마음을 나누셨어요. 배우자의 손길을 통해 가장 멋진 모습, 가장 아름다운 모습이 완성되었어요... 두 분의 지금 기분은 어떠신가요?”

남편 :
"무엇보다 제 모습을 만들어 주니까 훨씬 실감나고... 잊어버린 기억도 생각나고... 아내에게 멋있다는 소리를 들어서 기분 최고입니다."

아내 :
"호호... 저도 너무 행복한 시간이었습니다."
"점토로 만들고, 색칠하면서 새로운 느낌을 경험한 것 같아요."
"이 한순간의 행복함이 아니라 앞으로 계속 행복했으면 좋겠어요."

6) 프로그램 핵심

미술치료 장점 중 하나는 즉시 구체적인 유형의 자료를 얻을 수 있다는 것이다.

점토인형으로 표현하여 잊었던 감정들과 행복한 모습을 새롭게 느끼게 된다. 실제 인형 작품은 지속적인 감정을 느껴지게 한다. 무엇보다 손끝에 느껴지는 부드러운 촉감으로 인하여 편안하고 이완되어 부부에게 유연성이 증가되도록 도와준다.

세션 3. 나에게 가장 소중한 것

1) 활동목표

- 자유연상을 통한 정서적 표현을 한다.
- 가장 소중한 것이 무엇인지 직접 알아본다.
- 서로에게 가장 소중한 것이 무엇인지를 알게 되고 부부는 신뢰감을 얻게 된다.

2) 준비물

스케치북, 사인펜, 크레파스

3) 진행과정 (60분 정도 소요)

① 9개의 칸을 나눈다.
② 나에게 가장 소중한 것 9가지를 떠올려 9개의 칸에 각각 그려준다.
③ 9개의 칸의 그림에서 6개를 선택하여 6개의 칸에 다시 그려준다.
④ 6개의 칸의 그림에서 3개를 선택하여 3개의 칸에 다시 그려준다.
⑤ 3개의 칸의 그림에서 마지막 소중한 것 1개를 선택하여 그려준다.

4) 실제 진행 멘트

- 이 프로그램은 9분할법으로 시작하기 때문에 충분한 시간을 가지고 작업을 할 것입니다.
- 나에게 가장 소중한 것이 무엇인지 알아가는 작업입니다.

i. 먼저 도화지를 9칸으로 나누어보세요.
나눠진 칸에 나에게 가장 소중하다고 생각되는 것들을 간단하게 그림을 그리거나 글씨로 함께 써 넣을 것입니다.

ii. 이제 9칸을 모두 나누었으면, 잠깐만 한 번 눈을 감아주세요.
눈을 감고 천천히 숨을 깊게 쉬어 주세요.
숨을 쉴 때 가슴이 올라갔다 내려갔다 하는 것을 느껴 보세요.
편안해질 때까지 호흡을 해보세요.

iii. 그리고 내 주위를 한 번 둘러보세요.
눈을 감은 채, 우리 집을 떠올려 보시고 우리 부부가 함께 하고 있는 모습도 떠올려보세요.

iv. 함께 자주 가는 곳,
함께 하는 것들,
좋았던 것들,
행복한 순간들,
힘들고 어려웠던 시간들을 나를 중심으로 쭉 연결하여 떠올려 보세요.

v. 이제 떠오르는 것들이 많으실 겁니다.
그 많은 것들을 나에게 집중해서 모아보세요.

vi. 그리고 그것들 중에서 나에게 가장 소중하다고 느껴지는 9가지를 선택해 주세요.

vii. 이제 9개의 칸에 하나씩 그림을 그려 넣으시면 됩니다.
그림의 표현 옆에 글씨를 추가해도 됩니다.

viii. 이제 각자가 작업한 그림에 집중해 주시기 바랍니다.
그리고 거기에 가장 소중한 것부터 번호를 적어주세요.

ix. 작업을 마친 부부는 선택하여 작업한 9개가 왜 소중한지를 서로에게 이야기하여 나눠주세요.

x. 자신의 작업한 내용을 나의 배우자에게 충분히 설명해주고, 듣는 사람은 말하는 배우자에게 집중해 주세요.

5) 작품사례

9분할

남편에게 가장 소중한 9가지

아내, 건강, 집
자동차, 핸드폰, 자녀
부모님, 회사, 돈

아내에게 가장 소중한 9가지

남편, 회사, 화장품&보석
꿈, 돈, 아이들
여행, 먹는 것, 자동차

6분할

다음은 도화지에 6칸을 그립니다. 9가지 소중했던 것들 중에 더 소중하게 생각되는 6가지를 옮겨 그려주세요.

그리고 6가지가 왜 더 소중한지에 대해 서로 이야기하여 나눠주세요.

남편에게 가장 소중한 6가지

아내, 건강, 자동차, 자녀, 부모님, 돈

아내에게 가장 소중한 6가지

꿈, 아이들, 여행, 남편, 돈, 회사

3분할

다음은 3칸을 그려주세요. 6칸에 있는 것 중 더 소중하다고 생각되는 것 3가지를 선택해 옮겨 그려 주세요. 조금 더 집중해서 선택하시기 바랍니다.

남편에게 가장 소중한 3가지

아내, 자녀, 부모님

아내에게 가장 소중한 3가지

꿈, 남편, 아이들

가장 중요한 한 가지

이제 잠시 눈을 감고 남아 있는 3개 중 마지막 한가지만을 결정해야 합니다. 이제 우리 부부관계에서 나에게 가장 중요한 것이 무엇인지 가슴으로 느껴보시기 바랍니다.

마지막 이것이 내게는 가장 중요하다고 생각 되는 1개만 남겨주세요. 9개 모두가 소중한 것들이지만, 그중에서 최고 베스트라고 생각하는 하나를 선택해서 옮겨 그려주세요. 그리고 왜 그것이 소중한지를 두 분이 서로 이야기 나누어 주세요.

남편에게 가장 소중한 것 **아내**

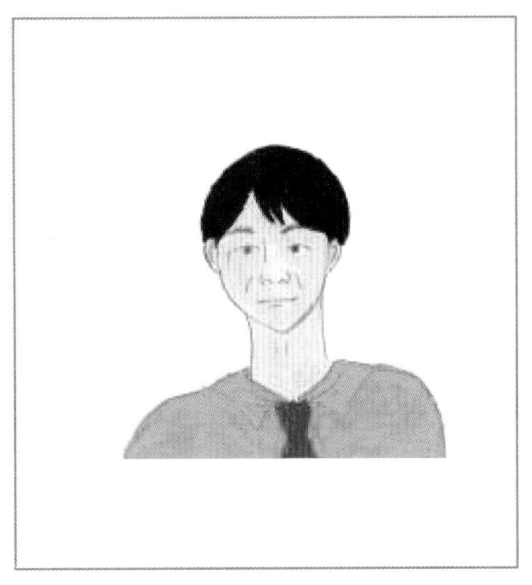

아내에게 가장 소중한 것 **남편**

아내 :

"어... 놀랍네요. 나랑 똑같아요. 당신에게 내가 가장 소중한 사람이네요. 당신의 마음도 이거였구나... 난 당신이 나보다 부모님을 더 소중하게 생각하는 줄 알았는데... 당신에게 소중한 것들이 무엇인지 알았고 그중에서 내가 제일 소중하다고 남겨주니까... 정말 기쁘고 좋아요!"

남편 :

"말로 표현 하지 못했던 것들을 하나하나 깊게 생각을 하게 되었습니다. 이 작업을 안했다면 아내가 나에게 이렇게 소중한 사람이란 걸 모르고 살 뻔했습니다. 하나하나 지워가다 보니 마지막은 아내가 남네요. 처음에는 지우는 것이 속상했는데 지금은 딱 하나 아내가 남은 것이 제일 좋습니다."

"아내도 아이들이 아니라 나를 가장 소중하게 남겨줘서 마음이 흐뭇합니다. 열심히 잘 살아야겠네요."

상담자 :

"두 분에게는 '가장 소중한 한 가지'가 남편분은 아내가 가장 소중하고... 아내분은 남편분이 가장 소중하고..."

"이렇게 서로에게 가장 소중한 사람이란 걸 알게 되는 특별한 시간이 된 것 같습니다."

6) 프로그램 핵심

"당신 나 사랑해?"
"당신에게 내가 정말 소중해?"

사랑하고 소중하지만 배우자에게 충분히 느낄 만큼 표현하기 어려웠다.
부부가 소중하게 생각하고 있는 것을 표현하므로
그토록 알고 싶었던 서로에 대한 마음을 알게 되고
서로에게 소중한 것들을 공유하는 시간이 된다.

"저 사람에게 진짜 소중한 것들이 이런 것이었구나!..."
"그중에 가장 소중한 사람은 바로 나였구나!..."

[핑거페인팅] 집단원간의 친밀감을 유도, 이완과 자유로움을 느낄 수 있는 핑거페인팅 작업.

세션 4. 숨어있는 편지쓰기

미술치료는 개인이 알아차리지 못하는 무의식의 세계를 의식으로 가져오는 방법 중 하나이다. 인간은 언어를 통해 감정을 드러낸다.
그러나 억압된 감정들은 언어로 표현하는데 많은 장애가 있다.

숨어있는 편지쓰기는 마음의 감정과 신체적 감정을 동시에 표현할 수 있는 안전한 작업이 된다.
우리가 흔히 사용하는 언어를 통해 감정에 접근하는 것은 쉽지 않다. 비난과 비판의 소리에 익숙한 부부라면 자신의 감정을 글로 표현하는 것 또한 어려울 수 있다. 그러므로 숨어있는 편지쓰기를 통해 부정적 감정을 멈추게 하고, 긍정적 감정만을 표현했을 때, 부부가 그동안 알지 못한 새롭고 희망적인 치유의 메시지를 듣게 되는 시간이 된다.

1) 활동목표

- 따뜻하고 친밀한 관계 회복을 돕는다.
- 서로를 향한 긍정적 사고로의 전환이 된다.
- 부부에게 새로운 관계형성이 된다.

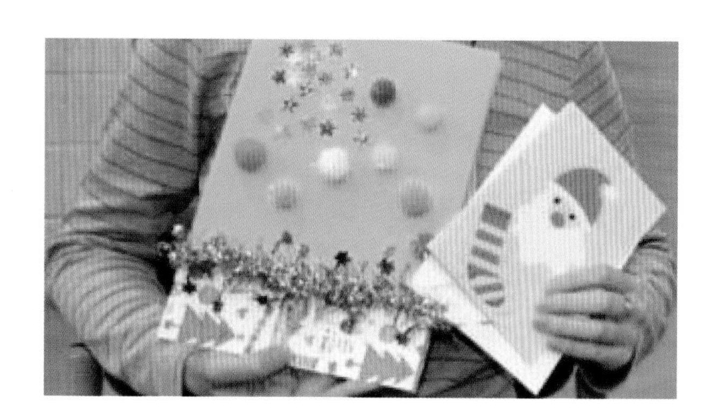

2) 준비물

스케치북, 흰색 크레파스, 물감, 붓, 팔레트, 물

3) 진행과정 (60분 정도 소요)

① 평소에 배우자에게 표현하지 못했던 감사, 감동, 격려 등의 이야기를 흰색 크레파스로 보이지 않게 글 또는 그림으로 남긴다.
② 편지를 다 작성한 후에 배우자에게 건넨다.
③ 받아든 편지를 물감을 이용해서 색칠을 해간다.
④ 물감이 칠해질 때마다 도화지 위에 배우자가 쓴 편지내용이 드러나면서 서로의 마음을 보게 된다.

4) 실제 진행 멘트

i. 이번 프로그램은 숨어있는 편지쓰기입니다.
편지를 써도 다 완성 할 때까지 보이지 않는 편지입니다.

ii. 먼저 서로 바라봐 주세요.
부부가 사랑스럽고 따뜻한 눈으로 바라보세요.

iii. 나의 배우자에게 정말 하고 싶었지만 표현하지 못했던 말.
그 중에서 고맙고 감사하고 감격했던 일을 마음을 담아 써보겠습니다.

iv. 그동안 기회가 되지 않아 말을 못했던 내용을 써도 좋겠습니다.
고맙다는 말... 사랑한다는 말...
쉬운 말인 것 같지만 일상에서 잘 표현이 되지 않았습니다.
무엇이 그토록 고마운 일이였는지... 내 남편에게... 내 아내에게...
내 마음에 담고 있었지만 표현하지 못했던 말들을 글로 써보세요.

v. 편지 중간 중간 그림을 그려도 좋습니다.
지금부터 도화지에 하얀색 크레파스로 편지를 써 내려가면 됩니다.

vi. 다 쓴 편지는 두 분이 서로 주고받으시면 됩니다.

vii. 편지를 받았지만 흰 바탕에 흰 색으로 썼기 때문에 내용은 보이지 않을 겁니다. 그래서 숨어있는 편지예요. 물감으로 칠하면서 비로소 편지의 내용을 읽게 됩니다. 그리고 편지 내용을 서로가 다시 읽어주세요.

5) 작품사례

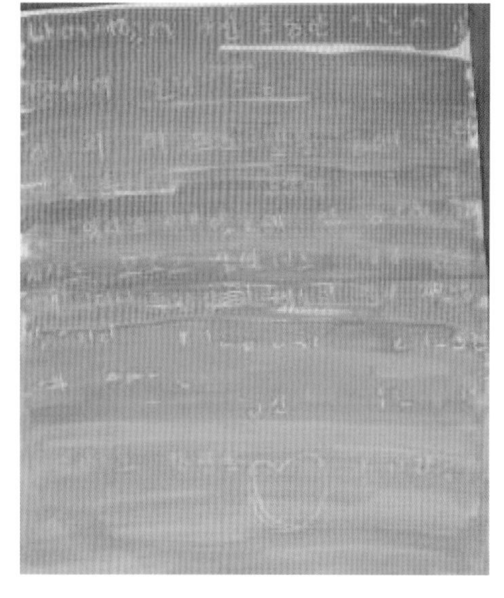

남편이 아내에게 쓴 편지

아내가 남편에게 쓴 편지

상담자 :
"편지를 다 쓰셨으면 보이지 않는 편지를 주고받으세요. 그리고 두 분 중에 한분이 먼저 물감으로 색칠을 하겠습니다. 물감을 칠하게 되면 지금까지 보이지 않던 편지 내용이 드러나기 시작할 겁니다."

아내 :
"제가 먼저 하고 싶어요. 어떤 편지 내용인지 궁금해서 빨리 보고 싶어요."

상담자 :
"네... 이제, 여기 있는 여러 색깔들 중에, 맘에 드는 색을 골라서 하셔도 되고, 여러 가지 색을 사용해도 됩니다."

아내 :
"분홍색으로 먼저 하겠습니다. 연두색도 쓰고 싶어요."

상담자 :
"지금부터 남편분께 받은 편지에 물감으로 색을 칠해주세요. 편지 내용이 서서히 드러나기 시작할 것입니다. 드러나는 내용들을 읽으면서 천천히 물감을 칠해주세요."

아내 :
(처음 시작하고 글씨가 드러나자...)
"...와~~~! 신기해요..!"
"너무 가슴이 벅차서, 손이 떨려 색을 칠하기 어려워요."

상담자 :
"가슴이 벅찰 만큼... 좋으신가요?"

아내 :
"네... 감동이에요. 남편이 이런 말을 써주다니... 정말 감동이에요. 최고예요!! 평소에는 사랑한다! 고맙다! 듣고 싶은 말을 안 해주거든요. 편지 속에서 드러나니까 너무 감동이 되요."

상담자 :
"아내분께서 감동받는 모습을 보시니까 남편분은 기분이 어떠신가요?"

남편 :
"쑥스러운데요... 그리고 저도 떨리는데요...(허허). 저는 아내랑 반대로 연두색을 먼저하고 아내가 좋아하는 분홍색을 칠하고 싶습니다."

상담자 :
"네... 좋습니다. 천천히 색을 칠해주세요. 숨어있던 편지 속에서 드러나는 아내의 마음도 천천히 느껴보도록 하세요."

남편 :
"오~!! 이거 꼭 연애편지 받는 기분입니다."

상담자 :
"색을 잘 칠하셨어요. 받을 때 숨어 있던 내용이 예쁜 색의 편지로 드러났네요. 이제 두 분께서 마주 보시고 받은 편지를 서로에게 읽어주세요."

6) 프로그램 핵심

부부는 서로에 대한 목마름이 있다. 그 중에서 남편에게, 또는 아내에게 꼭 듣고 싶은 말이 있었지만 그 말을 듣지 못하고 살아왔기 때문이다.

숨어있는 편지쓰기를 통해 나의 배우자로부터, 생각지도 못한 칭찬, 격려, 고마운 말들이 하얀 백지에서 물감이 지나갈 때 마다 '툭툭' 튀어나올 때... 부부는 깊게 가슴으로 감동을 받는다.

편지를 서로에게 읽어줄 때 감동의 눈물을 흘린다.

잠시 그대로 머물러 있도록 한다.

그 머무름 속에서 부부는 서로에게 따뜻하고 고마운 마음을 더 깊게 느낀다.

세션 5. 물감 찍기 (비전 세우기)

부부가 함께 미래에 대한 공동 비전을 세운다.

지금까지 느끼지 못한 창조적인 잠재력을 발휘하게 되어 서로의 자존감이 향상 되는데 기여한다. 부부가 함께 꿈을 꾸고 꿈을 표현할 때 내면의 창조적 에너지가 깨어나게 된다.

1) 활동목표

- 부부가 신나고 즐겁게 마음을 화합하는 시간이 된다.
- 개인적 비전과 부부의 새로운 공동비전을 세울 수 있게 된다.
- 부부가 함께 꿈을 꾸고 꿈의 내용을 표현하면서 새로운 도전과 안식을 얻는다.

2) 준비물

우드락(A4 크기 정도), 칼라 접착융, 물감, 칼, 자

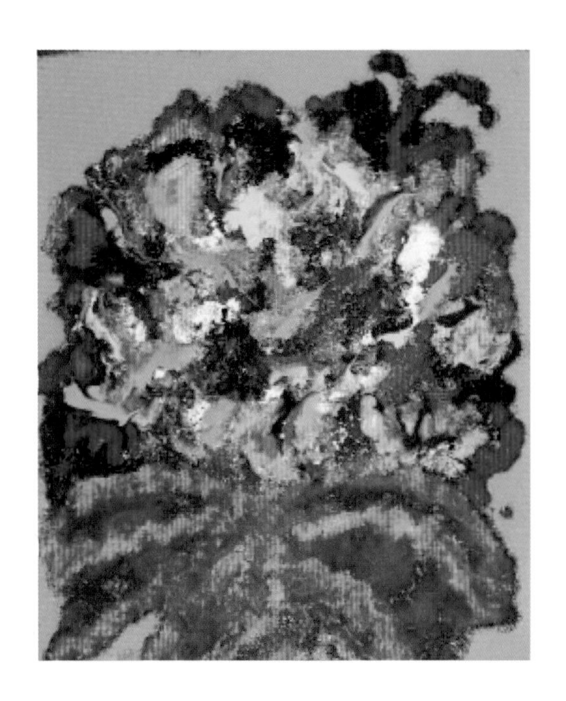

3) 진행과정 (40분 소요)

① A4 크기 정도로 잘려진 우드락 위에 칼라 접착융을 붙여서 액자처럼 만든다.

② 부부가 마주보며 미래의 비전을 세우도록 한다.

③ 부부가 충분하게 미래에 대한 계획을 세우고, 접착융으로 싼 우드락 위에 물감으로 찍어서 표현해 보도록 한다.

④ 작업이 끝난 후에 완성된 작품에 대해 이야기로 충분하게 나누도록 한다.

4) 실제 진행 멘트

i. 이번 작업은 부부가 화합하여 신나고 즐겁게 마음껏 표현하는 프로그램입니다.
부부가 각각 자기 비전을 갖고 있겠지만 이 작업은 우리 부부 공동비전을 세워서 작업 하는 겁니다.
이 작업에서 내가 표현 못하는 것을 곁에 배우자가 표현해줄 때, 협동의 기쁨을 느끼고, 성취감도 얻고 즐거운 시간이 될 것입니다.

ii. 여기 A4 크기의 액자모양의 한 틀이 있습니다.
사각형 모양의 틀 위에 물감을 찍어서 그림을 그리도록 합니다.
우드락에 접착융을 씌워서 물감이 스며들기 때문에 넉넉히 찍어 그리도록 합니다.
물감으로 그리는 것이 아니라, 물감을 짜면서 찍어 그리는 겁니다.

iii. 이 작업이 재미있는 것은, 틀려도 괜찮다는 것입니다.
틀리면 그 위에 다시 새롭게 찍어서 하면 되니까 섞일 때 예쁘게 색이 변하기 때문입니다.
원색으로 하는 표현도 있지만 여러 가지 다른 색을 찍고, 또 찍으면 변해가는 신비감이 더해집니다.
큰 고목나무를 표현하는데 그 오래 된 것을 표현하려면 갈색, 고동색, 흰색, 파랑색, 여러 가지 색깔을 섞으면 섞을수록 진짜 그 고목에서 볼 수 있는 수년 동안 생겨나는 그 오묘한 색을 나타내기도 합니다.

5) 작품사례

[부부공동작품] '저 푸른 초원위에'

[부부공동작품] '더 큰 사랑으로 나눠요'

남편 :
"재미있을 것 같은데 지금부터 우리는 잘 할 수 있지?"

아내 :
"안 싸우고 잘 할 수 있을까요?"

남편 :
"진짜 우리가 함께 하는 것을 안 싸우고 할 수 있을까? 비전... 비전이라...? 나의 비전은 50만 넘으면 저 푸른 초원위에 그림 같은 집을 짓고 살고 싶어. (♪저 푸른 초원위에...♬)"

아내 :
"당신은 저 푸른 초원위에 그림 같은 집을 지어, 나는 여유롭게 호수에 조각배를 하나 띄울게!"(한쪽은 아내가 반대쪽은 남편이. 이 두 부부가 행복하게... 서로의 의견을 물어보며 색상 선택도 하면서...)

남편 :
"좋지~! 좋아~! 난 생각도 못했는데... 푸른 풀밭만 생각했었는데, 당신이 호수를 만들어 주니까 훨씬 더 좋네!"

아내 :
"우리가 이렇게 마음이 잘 통했나? 싸우면서 하면 어떡하나 걱정했는데, 생각했던 것보다 마음이 하나가 되는 것이 재밌고 기대 되요."

남편 :
“그러네... 재미도 있고... 마치 집을 지어 놓은 것처럼 기쁘기도 하네...!

아내 :
“(호호호...) 저도 당신과 맘이 딱 맞아서 좋아요. 우리 계속 사랑하면서 살아요. 내가 하트를 하나 더 만들어요. 우리는 더 많이 사랑하면서... 살게요.”

남편 :
“사랑을 나눠 주려면 하트를 좀 더 크게 하자”

아내 :
“어... 어... 하트 모양이 이상해지잖아요.”

상담자 :
“먼저 말씀드린 것처럼 틀려도 괜찮습니다. 다시 변형시켜도 됩니다. 물감이 혼합되어 더 멋진 작품이 되기도 하니까. 틀린 것이 아니라 새로운 모습으로 변화될 수 있습니다.”

아내 :
“네, 그러네요... 내가 생각했던 것보다 당신이 너무도 크고 멋진 사랑의 하트를 그려서 풍성해진 느낌이 들어요. 저는 만족해요~!!”

6) 프로그램 핵심

부부가 함께 미래에 대한 공동 비전을 세우고 작품을 완성해 가면서 서로의 부족한 부분을 도와주고 협력하고 채워가며 성취감을 얻게 된다.

비전세우기는 부정적인 생각과 방식에서 벗어나게 되고, 새로운 기대와 희망을 갖게 된다.

[스크래치] 자유롭게 다양한 형태의 선과 모양으로 긁어내며 숨어있는 색을 아름답게 표현함.

제 7 장

집단 부부미술치료 실제

[따로 똑같이] 우드락에 하나의 밑그림을 그린 후 비슷한 면적의 크기로 집단 구성원 수에 맞게 잘라 나눠주고, 각자 조각을 보고 다양한 상상력으로 그림을 새롭게 그린 후 전체 조각을 맞춰보는 작업. 어린왕자와 코끼리, 상어, 아이스크림 등 다양하고 재미있게 표현한 그림 속에서 집단무의식을 볼 수 있음.

제7장 집단 부부미술치료 실제

1. 나의 요람 그리기

"나는 당신을 이해할 수가 없어"
"당신이 그런 말을 할 때면 화가 나"
"당신의 그런 행동이 너무 싫어"

현재 우리 부부관계에서 갈등상황에 흔히 일어나는 대화들이다. 우리 부부관계에서 "왜 저 사람이 저런 말과 행동을 할까?" 이해할 수 없었던 것들을 요람의 작업을 통해 부부는 출생의 순간에서부터 꼭 필요한 욕구들이 채워지지 않았다는 걸 서로 알게 된다.

따뜻하고, 안전감이 필요하고, 존재로 환영받았어야 하는 출생의 시간, 각자의 요람은 어떤 모습일까?

나의 요람 그리기는 기억 속에 없는 내면의 깊은 상처와 아픔이 드러난다. 부부는 서로를 깊게 이해하며 아픔을 치유하는데 기여한다.

1) 활동목표

- 내면의 상처의 근원을 발견한다.
- 내 자신의 소속감, 안전감, 적절감, 존재감이 출생에서부터 시작됨을 알게 된다.

2) 준비물

도화지, 크레파스

3) 진행과정 (40분 소요)

① 내가 태어난 날을 상상해 본다.
② 부모님으로부터 들은 이야기를 떠올려 본다.
③ 떠오르는 모습을 감정적으로 느끼며 작업을 한다.

4) 실제 진행 멘트

이 요람을 표현할 수 있는 것은 엄마를 통해서 혹은 가족들을 통해 “네가 태어날 때는 그랬단다.”라고 이야기를 들은 경우가 많습니다.

내가 태어난 모습을 듣지 못했다 해도 여러분 각자의 요람을 상상해 보는 것입니다.

i. 편안하게 눈을 감아주세요.
여러분... 시간을 되돌려서 가볼게요.
그리고 호흡을 깊게 해주세요. (두세 번 반복)

ii. 여러분... 시간을 거꾸로 출발을 해보겠습니다.
50대, 40대, 30대, 20대, 10대... 유아기...

iii. 그리고 여러분이 이 세상에 처음 태어난 날입니다.
그 날 여러분의 집... 여러분이 태어난 장소,
그 순간 나 자신이 어디에 누워 있는지 상상해 보세요.
여러분이 누워 있는 그 방으로 한번 들어가 보세요.
그 방에 누가 있는지...
나를 낳으신 엄마는 어디에 계신지...
어디 위치에 계시고...
그리고 그 주위에 나 자신, 엄마, 또 다른 사람은 누가 있는지...
어떤 사람들이 있는지... 그 사람들의 표정들은 어떤지...?
누가 기뻐하는지... 또 다른 표정은 어떤지...?
그리고 그 방 분위기는 어떤지...?

iv. 이제 막 태어난 그 아이가 바라보는 시선으로 여러분이 그 방안을 느껴 보세요.
이제 내가 태어난 그 장소, 그리고 내가 태어났을 때 내 곁에 함께 있어 준, 나의 가족은 누구인지...

v. 나의 첫 요람의 장면이 상상되거나 떠오르신 분들은 천천히 눈을 떠주세요.
그리고 지금 떠오른 그 장면을 그림으로 표현해주세요.
표현한 나의 요람 그림을 색칠까지 해주세요.
추가로 아이의 모습에 필요한 것을 그려 넣어주세요.

5) 작품사례

[참가자 1 남편의 요람]

아들을 낳아 가족 모두가 즐거워하고 기뻐하는 모습이다.

[참가자 1 아내의 요람]

딸만 낳는다고 할머니가 잔뜩 화가 나셨다. 엄마는 울고 있으며, 언니가 나를 안아줬다.

상담자 :
“먼저 두 분의 요람 분위기가 어떤지를 볼까요?”
“먼저 남편분의 요람부터 설명을 들어볼까요?”

남편 :
“네... 제 요람은 굉장히 기쁘고 즐거워요.”
“자손이 귀한 집에 아들이 태어났거든요.”

상담자 :
“그렇군요. 아들이 태어나서 온 가족이 기뻐하는 모습으로 보입니다.”
“가족들을 소개해 보실래요?”

남편 :
“네... 아버지는 너무 기뻐하시면서 어머니에게 수고했다고 말해주고 계십니다. 그리고 할머니랑 만세를 부르고 계십니다. 엄마는 저를 젖 먹이시고 가족들이 볼 수 있게 눕혀 놓았습니다.”

상담자 :
“남편분의 요람은 가족 모두가 아이가 태어난 것을 기뻐하는 모습이 보이고, 태어난 아이도 행복하게 보입니다.”
“다음은 아내분의 요람을 한번 보도록 할까요?”

아내 :
“저는 요람을 그리는 것이 힘들었어요.”
“말을 하려고 하니까 마음이 더 힘이 드네요.”

상담자 :
“어떤 부분을 그리는데 힘드셨는지...?”
“지금 힘든 부분은 무엇인지 이야기해 주시겠어요?”

아내 :
“제 요람은 남편 것과 반대예요. 제 엄마예요. 엄마가 울고 있어요.~”
“울고 있는 엄마를 그리는 것이 힘들었고, 아기인 저를 그리는 것도 쉽지 않았어요.”
“할머니는 화가 나있어요.”
“딸만 있는 집에 또 딸이 태어났다고 할머니는 딸 밖에 못 낳는다고, 엄마를 구박하고 있어요.”
“그래서 엄마가 울고 있어요. 여기 있는 사람은 큰 언니예요. 큰 언니가 저를 안아주고 있어요. 그때 저를 돌봐주고, 제가 태어난 것을 기뻐해 주는 딱 한 사람이 있어요. 저의 큰 언니예요. 언니가 저를 돌봐줘서 그나마 안심이 되었어요. 저는 요람을 생각하고 그리려고 할 때 엄마가 먼저 떠올랐어요. 날 낳고도 욕먹는 엄마에게 미안하고 그래요...”

상담자 :
“아내분은 자신이 태어난 날 할머니에게 욕을 먹는 엄마를 생각하니 미안한 마음이 든다는 거지요?”
“이 요람 작업을 하면서 또 다른 것들을 알게 된 것이 있을 것 같아요. 있다면 얘기해 주실 수 있나요?”

아내 :

"네, 남편 것은 잔칫집 같은데, 제 그림은 초상집 같이 보이네요."
"평소에도... 남편은 자존감도 높고, 매사에 자신감이 있어요. 반대로 저는 늘 위축되어 있었고, 늘 못한 것 같고 작은 실수에도 죄책감을 가지고 살아가요. '나는 왜 이렇게 죄책감이 들까?', '왜 나는 늘 미안한 마음이 들까?', '왜 나는 부족한 사람 같고, 남편에게도 아이들에게도 채워주지 못하는 사람일까?' 늘 부족한 사람으로 느껴졌어요. 심하게는 나 자신이 개미만큼 작다고... 느낄 때가 있어요. 그럴 때는 '이렇게 살아서 뭐하나...?' 싶은 마음이 들기도 해요."

상담자 :

"아내분의 요람 속에 있는 아이가 어떤 아이로 느껴지시나요?"

아내 :

"환영받지 못한 아이요... 불쌍해요... (흑흑...) 차라리 태어나지 않았으면 좋았겠다는 생각이 들어요..."

(...아내는 한참을 울었다.)

상담자 :

"음... 환영받지 못한 아이로 느껴지시는군요."
"결혼생활에서 가족에게 미안한 마음이 들고, 위축되고, 작은 실수에도 죄책감이 들었던 이유를 좀 더 살펴볼까요?"
"요람 속에서 할머니에게 욕을 먹고 울고 있는 엄마에 대해선 어떤 마음이 느껴지나요?"

아내 :
"엄마에 대한 마음요...?"

상담자 :
"네, 엄마를 좀 더 깊게 생각해 볼까요?"
"엄마~!! 하고 불러 보세요."
"엄마~~~!!"

아내 :
"엄마~~!!"
"네... 느껴져요... 태어난 저는 엄마한테 미안한 거예요. 지금도 전 엄마한테 늘 미안해요. 특별히 잘못한 것도 없는 것 같은데, 늘 죄송했어요."
"그래서 엄마에게 잘 하려고 했어요."

상담자 :
"이 요람의 아이는 태어나면서 엄마한테 미안한 마음을 갖고 있네요."
"그동안 엄마에게 왜 미안해했는지...?"
"왜 가족들 앞에서 위축 되어 낮은 자존감으로 살아왔는지..."
"그 이유가 어디에 있었는지 알 수 있을 것 같죠...?"
"어쩜 평생 그 원인을 모르고 살아 갈 수도 있었습니다."

아내 :
"엄마만이 아니라 그동안 결혼생활에서 남편 앞에서 작은 일에도 그렇게 미안하고, 위축되고, 실수하면 힘들었어요."

상담자 :

“아내분이 그동안 엄마에게 미안했던 것은, 내가 태어나서 엄마가 할머니에게 욕을 먹고 그래서 엄마에게 피해를 준 것 같아 미안하고... 죄책감이 들었던 거예요. 그리고 남편과 아이들에게도 조그마한 실수를 하면 채워주지 못하는 사람같이 느껴져서 위축되고 미안한 마음이 들었던 거예요.”

아내 :

“맞아요. 그랬던 것 같아요.”

상담자 :

(남편을 보며)

“지금 아내분의 요람 이야기를 들으시면서 아내분의 모습이나 마음이 혹시 이해가 되시나요?”

남편 :

“네, 많이 이해가 됩니다. 아내가 너무 가엾고 그동안 눈치 보느라 많이 힘들었을 것 같아요.”

상담자 :

“남편분에게 와 닿는 그 마음을 아내에게 얘기해주시겠어요?”

남편 :
“네... 먼저 안아주고 싶어요. 가여운 내 마누라...”
(아내의 어깨를 토닥여준다.)
“사실 아내가 작은 일을 가지고 상대방에게 미안해하고 쩔쩔매는 모습이 이해가 잘 안 갔거든요. 저에게도 지나치다 싶을 때가 있어서 짜증도 날 때가 있었어요. ‘뭐~저런 걸 가지고 미안하다고 법석인가? 그냥 무시해도 되는 걸...’ 생각했어요. 지금 생각하니 아내가 말하고 행동한 것들이 이해가 됩니다.”

상담자 :
(남편을 보며)
“그동안 이해되지 않았던 아내의 모습이 충분히 이해가 되어 보입니다. 남편분께서 지금 아내분에게 해주고 싶은 얘기가 있으실 것 같습니다.”

남편 :
“네, 있습니다. 저는 아내의 요람을 보니까 속상하고 화가 나기도 하고... 울컥하기도 합니다. 아니, 어떻게 아이가 태어났는데 기뻐하지 않을 수가 있는지? 딸이면 어때서요? 요즘 세상에 딸이면 최고인데. 예쁜 내 마누라가 태어났는데 장모님이 우시고 구박을 받았다고??”
(아내를 보며...)
“그리고 이제부터는 미안하다고 말하지 마~!! 당신이 왜 미안해~!! 그리고... 내가 장모님께 보약 해드려야겠네. 예쁜 내 마누라 낳아 주셨으니 오래오래 사시라고... 보약 해드려야겠다...!!”

아내 :
(감동의 표정으로...)
“와...! 난, 생각 못했는데... 당신이 보약해주면 엄마가 정말 좋아하시겠다. 당신에게 고맙기도 하고 미안하기도 하네...”

남편 :
“봐, 지금도 미안하다고 또 하지...? 이럴 때는 그냥 고맙다고만 말해도 돼! 왜 미안해~? 이제 그만 미안하다고 해! 당신은 살림 잘하고 예쁜 내 마누라야!!”

아내 :
(환하게 웃으며...)
“헤헤... 그럼 고마워요...!!”

상담자 :

“와 ...!! 두 분 축하드립니다. 요람그리기가 두 분에게 결혼생활에 최고의 선물이 되신 것같아요.”

“또 다른 참석자 분께서 얘기해주세요.”

참석자 2 :

“대부분의 요람의 이야기를 들었는데요. 저에게는 아버지가 없는 것이 굉장히 슬퍼요. 아버지는 제가 태어난다는 것을 알면서도 집에 들어오지 않았어요. 아버지는 제가 태어난 것을 기뻐하시지도 기다리지도 않았어요.”

“그래서 저의 요람은 너무 슬픈 것 같아요. 그래서 내가 태어난 날 쓸쓸하고 슬퍼요. 엄마하고 나하고 단 둘이 있는 것이 엄마도 슬프고 저도 슬퍼요......”

[참석자 2 요람]

태어난 날, 아빠가 집에 들어오시지 않아서 엄마와 단둘이 아빠를 기다리며 울고 있는 모습.

상담자 :

“쓸쓸하고 슬픈 요람의 모습을 보면서 지금 어떤 마음이 드시나요?”
“한 문장이나 단어로 표현하실 수 있나요?”

참석자 2 :

“지금 마음요...?”
“마음이 그러네요. 표현으로 한다면 외로움...!”

상담자 :

“외로운 마음을 현재의 결혼생활과 연결 지어 보시겠어요.”
“언제가 외롭고, 슬프게 느껴지시나요?”

참석자 2 :

“외로운 시간... 슬플 때... 음... 외로운 때가 많았던 것 같아요.”
“특히 남편이 말하지 않고 늦거나 출장을 가면 나에게는 아무도 없는 것 같은 느낌이 들 때가 많았어요.”
“어려서부터 늘 듣는 소리가 조용한 아이였어요. 말도 별로 없었어요.”
“누군가가 다가와주길 기다리고 있었던 것 같아요.”
“사실 저는 늘 외롭고 허전하고, 누군가 곁에 있으면 괜찮고 아무도 없거나 남편이 없으면 더 그랬던 것 같아요.”
“그래서 늦게 들어오는 남편에게 잔소리를 많이 했어요.”

상담자 :
“그 요람에 아버지가 없어서 슬펐던 것처럼...”
“남편이 늦게 들어오거나 곁에 없을 때 외롭고, 허전하고, 아무도 없는 것처럼 느껴진다는 거네요.”

참석자 2 :
“네... 그랬었나 봅니다. 그래서 제가 외롭고 허전했던 것 같아요.”
“오늘도 남편이 참석하지 않아 속상했는데...”
“남편에게 왜 그렇게 잔소리를 했는지 이유를 알 것 같아요.”

상담자 :
“늘 외롭고 허전한 근원도 알게 되신 것 같습니다.”

참석자 2 :
“네... 제 자신의 문제의 원인을 찾을 수 있어서 좋습니다.”

상담자 :
“잘 하셨어요... 현재 결혼생활에서 반복되는 외로움의 문제를 요람을 통해 알게 되었네요.”
“여러분, 오늘 모두 잘 하셨습니다.”
“요람 작업을 통해 알 수 있었던 것은 나 자신의 어린 시절 상처뿐 만 아니라 내가 태어난 그 순간 나의 존재가 어떻게 받아 들여졌느냐에 따라 우리 삶과 부부관계에도 커다란 영향을 미치고 있다는 것을 알게 되는 작업이었습니다.”

6) 프로그램 핵심

누구나 어린 시절 받았던 상처가 있지만, 그보다 더 깊은 내면의 상처의 근원을 발견한다. 내가 이 땅에 태어나는 그 순간에, 내 자신이 환영을 받았는지 거절을 당했는지에 따라 나의 존재감이 전혀 다른 모습으로 살아가게 된다는 것이다.

내가 태어 난 그 시간의 요람이 어떻게 느껴지는가가 지금 현재의 관계에 영향을 미치고 있다는 것을 알게 된다.

부부관계에서 서로가 이해하기 어려운 부분들의 원인이 무엇이었는지 알아차릴 수 있는 무의식의 깊은 내면 작업이다.

그 밖의 참석자들의 요람

내가 태어난 것을 자랑하는 엄마

건강한 아이가 태어났다고
가족 모두가 기뻐하는 모습

가난한 집에 여섯 번째로 태어난 나

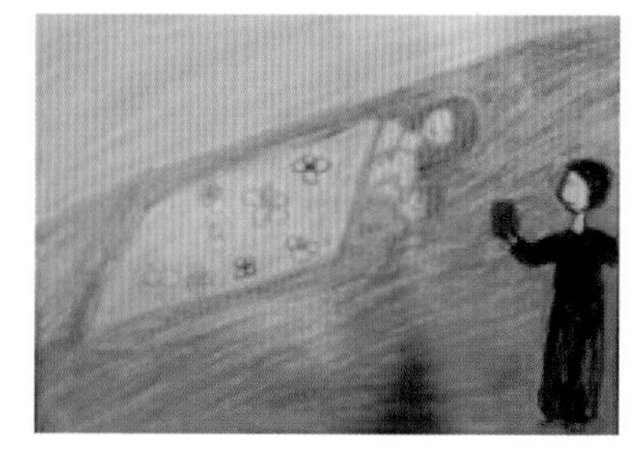

내가 태어난 것을 기뻐하시는 엄마와 외할머니

2. 신체 아픈 곳 표현하기

1) 활동목표

신체 아픈 곳 표현하기는 배우자의 외상과 내면의 고통을 표현함에 있어 방어기제 없이 받아들일 수 있게 하고, 배우자의 고통과 아픔을 자연스럽고 깊게 연결되게 한다.

2) 준비물

모조전지, 4B연필, 지우개, 크레파스, 물감, 물통, 붓

3) 진행과정 (80분 정도 소요)

① 모조전지 2장을 붙여 준비한다. (사람 크기의 전지)
② 한 사람은 전지 위에 눕고, 다른 한 사람이 신체 전체 라인을 따라 그린다(번갈아 그려준다).
③ 신체 본을 뜬 후 수정할 부분은 수정한다.
④ 두 사람 다 그려진 후 신체 외상과 마음의 아픔의 강도에 따라 각각의 색으로 표현한다.
⑤ 특별히 더 많이 아픈 배우자 것을 함께 더 들여다 볼 수 있도록 충분한 시간을 준다.

4) 실제 진행 멘트

i. 이 프로그램은 신체 아픈 곳 표현하기입니다.
"신체 아픈 곳"을 색으로 표현하는 작업입니다.
부부가 살아가면서 "여기 아프다", "저기 아프다" 말을 합니다.
그러나 배우자는 그 아픔의 강도가 어느 정도인지 알 수가 없습니다.
아프다는 소리를 서로에게 말로 표현 하지만 듣고도 '괜찮겠지'라는 생각에 크게 반응하지는 않습니다.
혹은 "아프면 병원에 가봐", "약 먹어" 정도로 반응을 합니다.
배우자가 얼마나 많이 아픈지,
통증으로 얼마나 고통스러운지는 알기 어렵습니다.

ii. 이 작업의 순서는 신체 본을 뜨고 아픈 곳을 색으로 (아픔의 정도를) 표현하는 것입니다.
말로 아프다고 했을 때는 그 아픔의 소리를 알 수 없었던 것이, 색으로 표현 되었을 때, 그 아픔의 차이를 한눈에 알 수 있습니다.
아내가, 남편이 '이만큼 많이 아팠구나...!'라는 것을 바로 알 수 있는 작업입니다.

iii. 신체의 아픔의 고통을 3가지 색(빨강, 노랑, 초록)으로 표현합니다.

첫 번째, 지금 당장 병원가지 않으면 안될 만큼 아픈데 참고 있다면 빨간색으로 표현해주세요.
아픈 곳을 빨간 색으로 표현했을 때 아픔을 한눈에 볼 수 있습니다.
아픔의 강도는 나만이 느끼는 거지만 색으로 확실하게 표현 가능합니다.

두 번째, 약을 먹으면 괜찮아지는 단계는 노란색으로 표현해주세요.

세 번째, 통증 없이 건강한 곳은 초록색으로 표현해주세요.
빨강, 노랑, 초록 3가지 색으로 여러분의 머리서부터 발끝까지 정확하게 색으로 나누어 아픔을 표현해 주시면 됩니다.

[신체본뜨기]

5) 작품사례

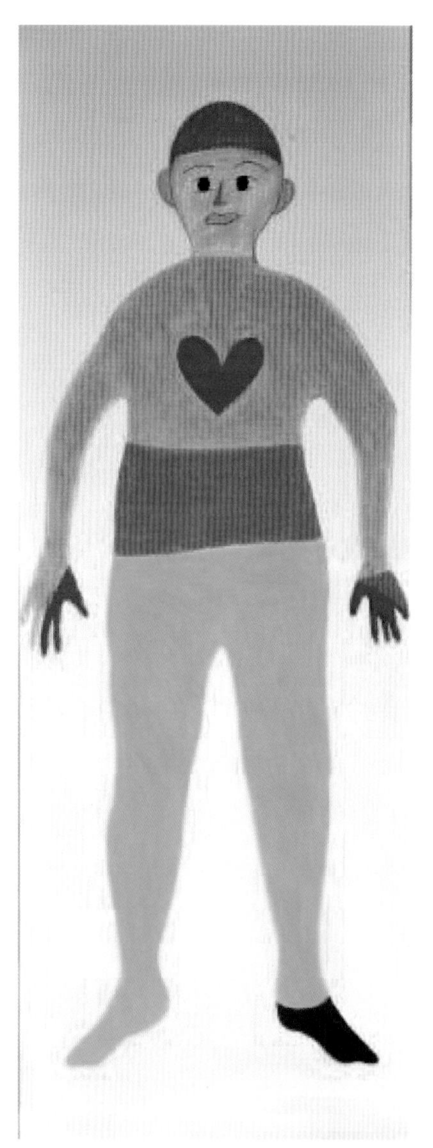

[남편 38세]

머리, 가슴, 배 손은 당장 병원 가야할 정도로 통증이 있다고 표현한 남편

[아내 34세]

머리, 가슴, 배, 무릎이 당장 병원 가야할 정도로 아프다고 표현한 아내

상담자 :
“작업을 다 마치신 분들 중에 어느 분이 자원하셔서 먼저 얘기해 주시겠어요?”

참석자 부부(아내) :
“저희가 하겠습니다.”

상담자 :
“네... 먼저 자원해 주셔서 고맙습니다. 그러면 아내분께서 먼저 말씀해주시겠어요?”

아내 :
“이 그림은 가슴이 빨간 색이예요. 하트로 표현했고요.”
“가슴이라기보다는 마음이 많이 아프다는 걸 표현하고 싶었어요.”
“빨갛게 이런 제 마음을 남편은 잘 몰라요. 평소에 머리도 많이 아파요.”

상담자 :
“남편분께서 몰라주는 것 같아 마음이 더 아프다는 말씀이시죠, 아내분께선 자신의 신체 아픈 곳을 좀 더 설명해 주시겠어요?”

아내 :

“제가 지금 당장 병원 갈 정도로 아픈 곳은 네 군데 인데요, 방광염과 부인과 쪽은 아이를 출산하고 난 뒤부터 쭉 아파왔어요. 병원도 자주 가야하는데, 병원 가기가 쉽지 않아요. 무릎도 2달 전부터 이유 없이 아프기 시작했는데 아직 병원에 안 갔어요. 아플 때는 심하게 아픕니다. 몸도 아프고 힘들지만, 사실 마음이 아픈 것이 저는 더 힘들어요.”

“아무리 아프다고 말해도 내 말을 잘 들어주지 않는 남편이 무심한 사람 같고 나를 소중하게 생각하지 않는 것 같아요. 다른 남편들은 아내가 아프다고 하면 잘 돌봐주던데요.”

상담자 :

“몸 아픈 것도 힘들지만, 남편분이 내 말을 들어 주지도 않고 마음을 알아주지도 않을 때 더 힘들게 느껴지신다는 말씀이시네요.”

아내 :

“네, 맞아요.”

상담자 :

“남편분께선 먼저 아내 그림을 봐 주세요~!”

“그리고 아내가 어디가 얼마만큼 아프고 심각하게 보여지시나요?”

남편 :

“여기 빨강색들이 많이 아프게 뚜렷하게 보여집니다. 평상시 아내가 아프다고 늘 말은 했습니다. 그런데 이정도로 아픈 줄을 몰랐습니다.”

“색으로 표현하니까 훨씬 잘 보여지고, 아픔도 실감나게 느껴집니다.”

상담자 :
“아내분의 마음이 더 아프다고 하셨는데 그 부분은 어떻게 느껴지시나요?”

남편 :
“당장 병원에 가야하는 상황인데 병원도 가지 않고 참고 살아온 아내가 힘들었겠다 싶어요. 늘 아프다고는 했지만, 병원에 안가도 되나보다 했었는데...”
“아내가 말로만 할 때 보다, 지금 이렇게 들으니까 많이 아픈 것이 보이네요. 그동안 신경 못 써줘서 미안한 마음이 듭니다.”

상담자 :
“남편분께선 아내분의 아픔이 더 많이 느껴지시고, 미안한 마음도 든다는 말씀이신 거네요.”
“아내분을 보면서... 한 마디 해주세요...”

남편 :
“여보~!”
“당신 아프다고 말할 때 무심했던 것 미안해요.”
“앞으론 신경 쓰고 노력해 볼게요.”

아내 :
“그래요. 고마워요.”
“근데 당신 것도 궁금해요...”

상담자 :
“그래요... 이제 남편분 것을 볼까요?”

남편 :
“저는……. (한 참을 말을 잇지 못함.)”
“제가 아픈 곳을 아내에게 말하지 않으려고 했어요......”
“아내가 아픈 것은 애 낳고 고생을 많이 했고, 그때 치료를 잘해주지 못해서 아내가 아프다고 하면 늘 미안한 마음이라 제가 아픈 걸 말하기가 어려웠습니다......”

(한참 침묵이 흐름...)

아내 :
(불안한 듯)
“왜 그래... 불안하게... 자기 아프단 말 안했잖아~ 그런데 왜 빨강색이 이렇게 많아~? 얼른 말 해봐요~ 얼른(보채듯이~)”

상담자 :
“아내분, 잠깐만요... 남편분이 얘기 하실 수 있도록 조금만 기다려 주세요.”
“남편분께선 잠시 심호흡을 하시고... 천천히 말씀해 주세요.”

남편 :
“솔직하게 말할게...”
(상담자를 바라보며)
“올해 회사에서 정기 건강검진이 있었는데... 대장 쪽에 문제가 있다고 결과가 나왔습니다. 대장암 초기로 나와서 레이저 수술을 했습니다.”

아내 :
(너무 놀라는 표정)
(목소리가 점점 커짐)
"말도 안 돼~!"
"정말이야?"
"왜 나한테 말 안했어?"
"무슨... 그런 일이 있어~!!"

남편 :
(착잡한 심정의 목소리...)
"말을 못하지……. 당신이 알면 불안해하고 잠도 못잘 거니까, 그리고 당신도 늘 아프다며 힘들어 하는데 어떻게 말을 하냐고?"
"내가 당신 성격 아는데 내가 아픈 걸 못 보잖아. 신혼 때 내가 한번 감기로 아팠을 때도 당신이 난리쳤잖아~! 그런데 대장암이라고 하면 당신이 가만있겠어!!"
"다행히 의사선생님이 대장암 초기는 크게 문제가 없대. 앞으로 고기종류 안 먹고 야채 위주로 먹으면 되고, 6개월에 한 번씩 대장 내시경하면 된다고 했어~!"

아내 :
(큰 소리로...)
"말도 안 돼~!"
"말도 안 되잖아~!!"
"그렇다고 말을 안했냐고... 대장암인데... 당신 죽을지도 모르는데..."
(울음을 터뜨렸다.)

상담자 :
“아내분 충분히 놀라셨을 것 같아요.”
(아내의 어깨를 토닥였다.)
“잠시만 진정하세요...”
“남편 분 얘기를 더 들어 보도록 해요...”

(아내는 울음을 쉽게 그치지 않았다...)

남편 :
(한참 만에...)
“이거 봐... 당신은 내가 금방 죽을 것 같이 놀라잖아~”
“괜찮다는데도 이렇게 난리인데 그러니까 내가 당신에게 당연히 말 못하지…….”

(아내를 향하여)

상담자 :
“여기 여러분들이 계시고, 남편분의 얘기도 좀 더 들을 수 있게 진정하실 수 있겠어요...”
“호흡을 한 번 할까요? 후~ 후~~”
“그리고 남편분은 지금 안전하게 당신 앞에 있습니다...”
“남편분을 한 번 바라보세요...”
“자~ 아내분, 괜찮으시죠~?”

아내 :
(진정하면서...)
"네, 괜찮아요."

상담자 :
"그럼 남편분께서 계속 말씀해 주시겠어요..."

남편 :
"지금 보셨죠. 제가 아프다고 말하니까 못 견디는 거요."
"아내는 자기 자신은 여기저기 아프다고 말하지만 제가 아프다면 싫어했어요. 그리고 평소에 "당신이 아프면 난 못살아. 그러니까 아프면 안 돼." 그런 소리를 늘 해왔기 때문에, 제가 아프다고 하면 아내가 놀라고 힘들어 할 것 같아서 말하지 않으려 했던 겁니다."
"그리고 의사선생님 말씀도 초기는 식이요법 잘하고 정기검진 잘 받으면 걱정할 것 없다고 말했기 때문에 말하지 않기로 마음먹었어요. 말하면 아픈 것보다 더 시끄러워질 것 같아서요."
"그래서 ○○ 출장 간다고 하고서 혼자 수술했습니다."

아내 :
"그래도 말을 했어야지......"
"난 당신은 생전 안 아픈 사람일거라고 생각했었지......"
"그래서 그렇게 말한 건데......"
"수술하면서 혼자 하냐고...? 그러다 당신 죽으면 어떡할라고...?

상담자 :
"그래요. 아내분의 말이 맞네요. 수술인데..."
"혼자서 하시다니..."

남편 :
"정말, 저는 괜찮습니다."
(아내를 보며...)
"여보~ 나 괜찮아~"

상담자 :
"아내분께 물어볼게요."
"아까 남편분이 빨간색을 칠하는 모습을 보며 한참이나 작업을 못하고 계시던데요."
"남편의 모습을 보면서 무슨 생각을 하셨나요? 아니면 어떤 느낌이 있었나요?"

아내 :
"네... 불안... 많이 불안했던 것 같아요."
"평소에 아프다고 안한 사람이 빨간 색이 점점 많아져서 겁이 덜컥 났어요. 왜 저렇게 많이 칠할까... 나 몰래 아픈 걸까?... 왜 말을 안했을까?... 조금은 무서웠어요."

상담자 :

“그러셨군요. 남편이 당장 병원가야 할 빨간색을 보면서 많이 불안해하셨군요... 충분히 그러셨을 거라 느껴집니다.”

(아내를 보며)

“아내분의 그 불안함...!”

“그 불안함은 어디서 시작되었을까요?”

“아내분은 눈을 잠깐 감아보실래요?”

“남편이 아플까봐... 그리고 혹시 죽을까봐...”

“불안했던 그 마음이 어디서 시작되었을까요?”

아내 :

(눈을 감고... 있다가 또 다시 눈물을 흘린다.)

“저는 내 남편이 아프다고 할까봐 제일 불안했어요.”

“나 혼자 남겨질까봐서요.”

“그동안 이 사람이 아프다는 소리를 안 해서 안심이 되었어요.”

“저는 지금 무서워요. 저 혼자 남겨질까봐요.”

상담자 :

“남편분이 아프다고 하면 남편분이 나를 두고 떠날 것 같은가요?”

“혼자 남겨질 것 같이 느껴지시나요?”

아내 :
“네... 남편이 아프다고 하면 죽을 것 같이 느껴져요.”
“어릴 적 친정아버지도 건강하셨는데, 제가 8살 때 아프다고 하시고 금방 돌아가셨어요.”
“그때 엄마는 충격으로 정신이 나갔어요. 그때 정말 무서웠어요.”
“저희 남매를 돌봐줄 부모님이 한꺼번에 사라진 거예요.”
“엄마까지 아프니까 정말 무서웠어요. 그때 죽을 것 같았어요.”

상담자 :
“어린 시절 아버지의 죽음이 가져온 두려움 때문에 남편이 아프면 혹시라도 아버지처럼 돌아가실까봐 그래서 남편도 내 곁을 떠나버릴까봐 두렵고 무서웠던 거네요.”
“그 어린 시절 아버지가 돌아가시고 엄마도 정신이 나가서 부모님이 한꺼번에 사라진 것처럼... 지금도 그렇게 남겨질까봐 무섭고 두려웠던 거군요.”

아내 :
“맞아요... 맞아요... 정말 맞아요.”
“나중에 엄마는 정신이 돌아왔지만, 아버지가 죽으면 우리 가족도 없어지는구나 생각했어요.”

상담자 :
“아내분은 8살 때 아버지의 죽음으로 자신이 죽을 것 같이 무섭고 두려운 경험을 하셨던 거네요. 그 두려움이 치유되지 않고, 그대로 아내분의 내면 깊이 있었어요...”
“그동안 그 상처와 아픔을 모른 채 살아오셨고요”
“그래서 상처와 두려움 때문에 남편이 아프면 안 되는 거였어요.”
“그래서 남편이 아프다고 말하면 죽을까봐 혼자 남겨질까봐 두려웠던 겁니다.”

아내 :
“네~ 네~. 그런 것 같아요. 제 상처가 컸네요...”
“그런 상처 때문에 당신에게 아프단 소리도 못하게 했네요...”

상담자 :
“남편분께 한 말씀 해주시겠어요?”

아내 :
(남편에게 미안한 표정)
“당신 아프다고 말하지 못하게 해서 미안해요.”
“대장암 초기이면서 나에게 말도 못하고... (흑흑)”
“혼자 그렇게 수술하고 치료한 것이...”
“얼마나 무섭고 두려웠겠어!”
(목이 메어 운다.)
“앞으론 아프다고 말해요.”
“혼자 아프지 말고... 네!!”

남편 :
"그렇게 말할게... 꼭 말할게..."
"그리고 나 괜찮아~ 걱정하지 않아도 돼!"
"앞으로 50년도 넘게 살 거야~!!"
"당신도 아프지 말고......"
"당신도 빨리 병원 가보자."

아내 :
"그래요. 나도 당장 병원 치료를 받을게요."

상담자 :
"두 분 잠시 일어나 보실래요."
"이 세상에서 가장 따뜻한 가슴으로..."
"큰 팔을 벌려서 꼬옥 안아주세요... 아주~ 꼬옥~ 요."

6) 프로그램 핵심

대화를 통해 아픈 곳을 말 했어도 잘 들려지지 않고, 아픔의 심각성을 느끼지 못한 부분들을 알 수 있다.

미술치료의 장점인 작업한 것이 증거자료로 그대로 남아 있기 때문에 한 번 언어로써 표현하고 지나가는 상담과는 다르다.
우리가 어떤 드라마나 영화를 보고 잔상이 남는 것처럼 이 신체 본뜨기를 통한 아픈 곳 표현은 부부가 아픈 곳을 오래 기억하며 부부가 서로의 건강을 돌볼 수 있도록 치료사가 이끌어 간다.

이 작업을 통해 '아~ 나의 배우자가 아프다고 말한 곳이 이만큼 아픈 것이었구나!' 라고 느낄 수 있으며, 서로의 아픈 곳과 마음을 치유하는 데까지 이르게 된다.

부부집단미술치료 프로그램 사진

(점토인형 만들기)

(점토인형 만들기)

(숨어있는 편지쓰기)

(숨어있는 편지쓰기) (물감찍기-비전 세우기) (이미지 표현)

(부부집단미술치료를 마치며)

부부집단미술치료 프로그램을 참석한 후 소감

수년 동안 상담을 접해봤지만 부부아트테라피는 최고였습니다.

우선 부부가 함께 작업을 하는 것만으로도 조용히 서로를 들여다보고 이해할 수 있는 깊이 있고 따뜻한 시간이었습니다. 말로 소통하는 것은 늘 뭔가 부족하고, 어색하고, 때론 오해가 생기기도 했었는데, 그 부족한 부분을 완벽히 메꿔 주는 시간이었습니다.

뭔가 우리부부가 깊이 연결되고 있다는 느낌, 끊임없이 서로가 서로에게 긍정적인 에너지를 보내고 있음을 말하지 않아도 느낄 수 있었습니다.

부부아트테라피 후 변화된 것은 남편에게 깊은 믿음과 신뢰가 생겼다는 것입니다.

남편이 저에게 그림으로, 글로, 지점토로 표현해 주었던 제 모습이 제 마음에 사진처럼 생생하게 남아있어, 어떤 말보다도 진실하고 따스하게 느껴집니다.

(김 OO, 여 36세)

저는 부부미술치료를 하면서 가장 좋았던 것은 말을 하지 않아도 서로 마음을 알 수 있다는 것에 놀랐습니다.

교수님의 피드백으로 저희 부부가 하나로 연결 되는 것에 또 한 번 놀랐습니다. 무엇보다 제 마음이 치유될 수 있어서 행복하고 좋았습니다.

요즘 가장 변화된 것은 우리 부부가 눈만 마주쳐도 웃음이 나고 대화하고 싶고, 이해하려고 서로 노력하고, 신혼처럼 열정과 기쁨이 생겼다는 것입니다.

또 다시 생각나는 부부미술테라피.

(박 ○○, 여 40세)

가슴까지 시원한 치유의 시간이었습니다. 많은 말을 하지 않아도 되어 좋았고 남편과 처음으로 무엇인가를 함께 하는 것이 좋았습니다.

제 자신조차 알지 못했던 제 욕구와 제 마음을 깨달아 눈물이 났고, 벽처럼 느껴지던 남편의 마음이 저의 오해였음을 알고는 한없이 미안하고 고마웠습니다.

4번 시간으로도 저희 부부는 신혼 같은 느낌으로 회복되는 것에 신기하고 놀랐습니다. 너무나 감사하고 감사합니다. 매일 변화가 일어나서 설레고 기대되는 날들입니다.

(최 ○○, 여 38세)

남편이 생각하는 저의 이미지를 그림으로 그려서 보여줄 때, 백 마디 말보다 더 큰 감동을 받았습니다.

언어로는 2% 부족한 것을 미술치료를 통해 표현했을 때 편안하고 충만하게 채워짐을 느꼈습니다. 조용히 서로를 생각하며 점토 작업을 하는 것도 참 좋았습니다. 말을 하지 않아도 따뜻함과 평안함이 그 공간에 가득했습니다. 진정한 힐링의 시간이었고 **저희 부부가 깊게 연결되는 시간이었습니다.**

네 커플이 함께 미술치료를 할 때, **우리 부부만 있을 때 보다 더 큰 역동과 에너지가 느껴져서 즐겁고 흥미진진했습니다.** 다른 커플들이 치유되는 모습을 보는 것만으로도, 저희도 절반쯤 함께 치유되고 있음을 느낄 수 있었습니다. 이런 시간을 선물로 주셔서 너무나 감사드립니다.^^

(김 OO, 여 47세)

아이들의 문제가 힘겨웠던 우리 부부에게 위로가 되고 힘이 되는 프로그램이었습니다. 문제 아이들이 소중하게 보입니다. 그리고 많이 울었습니다. 문제라고 생각했던 것들이 축복임을 알게 된 것이 너무도 놀라웠습니다.

부부미술치료 프로그램, 감사합니다.

(이 OO, 남 43세)

저는 이번 부부미술치료를 통해 서로 표현 하지 않으면 많은 오해가 생기고 그로 인해 신뢰와 믿음 그리고 사랑까지 깨져 행복한 가정을 가질 수 없다는 것을 많이 느끼게 되었습니다. 요즘 하루하루가 너무 행복합니다.

미술치료를 통해 제 속마음을 이야기 할 수 있고 기댈 수 있는 사랑하는 사람이 있다는 것을 깨닫게 되어 보물을 찾은 것 같습니다.

이런 뜻깊은 시간으로 우리 부부를 회복시켜 주신 교수님께 감사드립니다. 건강하십시요.

(김 ○○, 남 40세)

이번 부부미술치료를 할 때 남편이 어떤 마음과 어떤 생각을 가지고 있을지 궁금했는데 집단수업을 통해 알 수 있어서 좋았습니다.

그 동안 서로에 대한 마음을 표현할 줄 몰랐는데 눈을 바라보며 눈으로 말 할 수 있다는 게 신기했고, 또 눈으로 읽을 수 있다는 것이, 그리고 서로가 정확히 알 수 있는 것에 놀라웠습니다.

한 주 한 주 작업을 하면서 더 가까워지고 몰랐던 부분도 알게 되면서 서로 이해하는 마음도 커졌던 것 같습니다. 남편을 이해하게 되고 지금도 이해하려고 노력하게 되는 것 같습니다.

이전의 아픔과 상처도 많이 아물어 가고 있는 것 같습니다. 감사합니다.

(이 ○○, 여 51세)

제 8 장

부부미술치료 상담사례 실제

제8장 부부미술치료 상담사례 실제

1. 부부미술치료 상담사례 2회기

라이프 라인 (삶의 연대기)

1) 활동목표

- 기억 속에서 지워버렸던 깊은 내면의 상처를 정확히 볼 수 있게 된다.
- 상처와 아픔들이 지금 결혼생활에서 갈등을 일으키고 있었다는 걸 알게 된다.
- 부부가 깊게 연결되어 서로를 이해할 수 있게 되고 새로운 관계 변화가 된다.

2) 준비물

모조전지, 사인펜, 크레파스

3) 진행과정 (60분 소요)

① 부부가 모조전지를 펼쳐 앉는다.
② 지금까지 살아온 시간들을 기억해 본다.
③ 각 발달 단계로 시간을 현재까지 나누어 전지에 표시한다.
④ 어린 시절부터 기억나는 사건들을 떠올린다.
⑤ 긍정적인 사건과 부정적인 사건들을 그림으로 간단하게 그려 표시한다.
⑥ 다 그린 후 부부가 서로 자신의 라이프 라인을 설명한다.

4) 실제 진행 멘트

i. 두 분은 지금껏 나의 삶을 되돌아보는 시간을 갖도록 하겠습니다.

ii. 먼저 눈을 감아주세요. 몸은 편안하게 하세요. 심호흡을...

iii. 태어나면서 지금까지 나의 삶에 크고 작은 기억들...
기쁘고, 즐겁고, 행복했던 기억들...
반대로 아프고, 힘들고, 어려웠던 기억들을 떠올려 보세요.

iv. 떠오른 것들을 선을 따라 가며 작업을 해주시면 됩니다.

<라이프 라인>

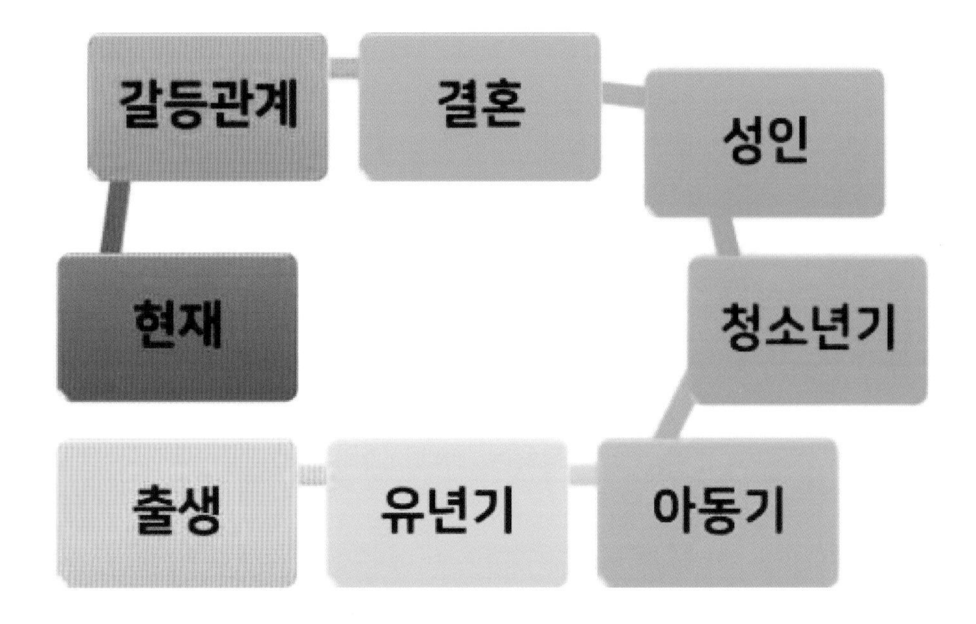

내담자 정보

남편 : 김○○(40세) ○○연구원 (공학박사)
아내 : 김○○(40세) ○○산부인과 원장

상담 동기

결혼 16년차, 첫아들(14세), 둘째아들(12세), 막내딸(3세) 세 명의 자녀를 두었다. 공학박사인 남편은 평소에 아내에게 정서적 감정 표현을 하는 것이 어색하고 힘든 장벽 같다고 했다. 언어적 친밀함을 기대하는 아내는 남편의 표현하지 않는 모습을 볼 때 답답하기도 하고 숨 막힐 때가 있다고 했다.

상담 목표

감정적 표현으로 언어소통을 원하는 아내, 그리고 감정적 표현을 언어로 하는 것이 가장 어려운 남편,

이 부부에게 미술치료를 통하여 예술적인 측면과 창조적인 측면이 표현된 작품을 증거 자료로 활용해서 자연스럽게 서로 소통할 수 있도록 상담의 목표를 세웠다.

라이프 라인(삶의 연대기) 2회기

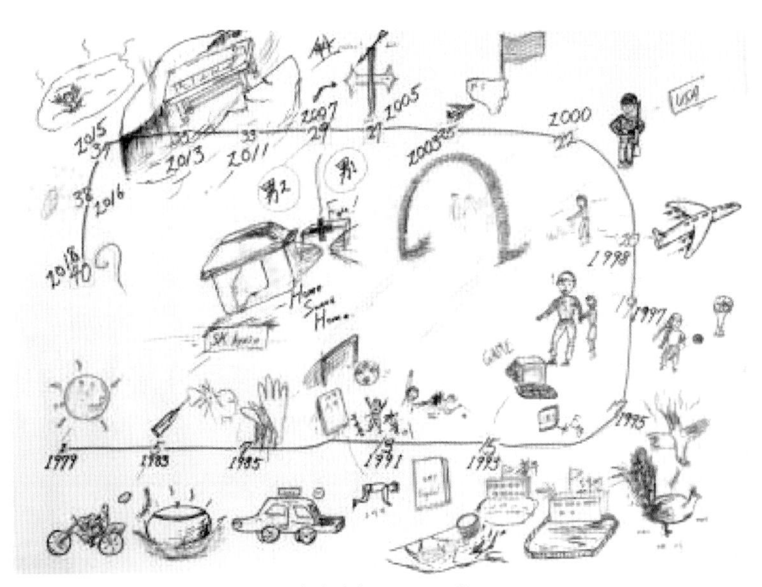

남편 (김○○, 40세)

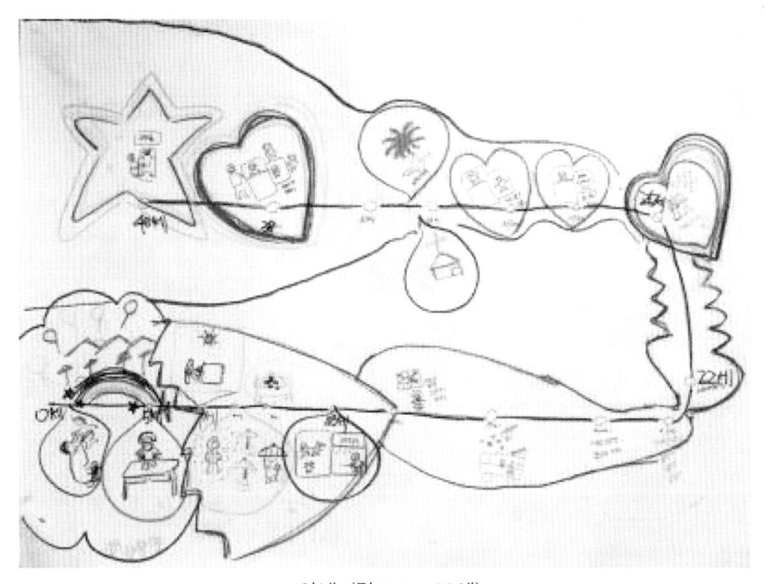

아내 (김○○, 40세)

Life Line

1회기 남편

남편 :
"별 어려움 없이 자라왔다고 생각했어요. 그런데 항상 환경 탓인지 제 성격인지 무언지 모르게 저 스스로에게 변화를 재촉했다는 것을 알게 됐어요. 변화하면서 성장한다고는 하지만, 라이프 라인을 보니까 새삼 '이렇게 변하지 않으면 안 됐을 이유가 뭘까?' 하는 생각이 들면서 제 자신이 측은하게 보이네요. 저는 착한 아이로 자란 줄 알았는데... 라이프 라인을 보니까 어려서는 많은 사고를 쳤네요. 집에서는 얌전하고 밖에서는 까불었어요. 이중적인 생활을 했어요."

상담자 :
"재촉하며 열심히 살아온 자신에게 연민의 감정이 들 수 있을 것 같아요. 전체 연대기에서 나타난 모습은 끊임없이 노력하며 뭔가를 쉬지 않고 계속하고 있어 보입니다. 집에서 모습과 밖에서 모습이 다른 이중적인 생활을 하게 된 특별한 이유가 있을까요?"

남편 :

"원래는 까부는 걸 좋아하는 사람이었어요."

"중학교 때 전학 가면서 새로운 환경에 잘 어울리지 못해서 적응하려고 노력하는 과정에서 다른 친구들과 저를 동일시 해보기도 하고 나름 노력했지만 결국 컴퓨터 게임을 하면서 위안을 찾게 된 것 같아요. 돌이켜 보면 이때 성향이 크게 변했어요. 사람보다 사물, 컴퓨터와 더 친해진 거죠. 전학 가서 그 무리들과 어울리기 쉽지 않았거든요. 선생님이 저를 인정해 주신 것이 다른 친구들이 저를 은근히 시샘하게 되어 친구들과 친해질 수 있는 기회가 사라지게 된 것입니다."

남편

(어린 시절 까불이로 지냄)

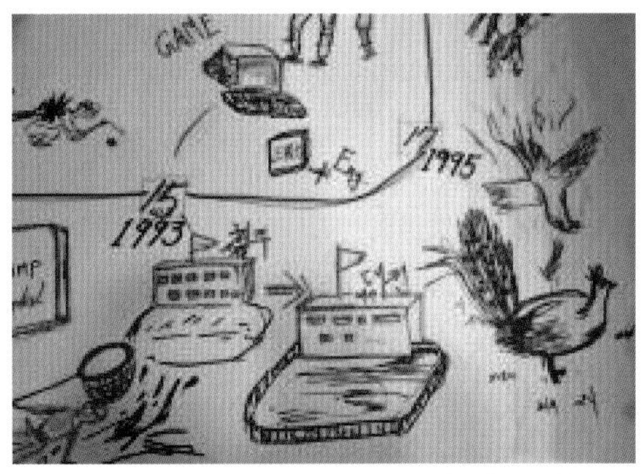

(사건 사고가 많은 시기에 사물들만 보임)

남편은 1회기 상담을 통하여 어린 시절 집에서는 착한 아이로 밖에서는 까불며 지내는 이중적인 생활을 했으며 사건 사고가 많이 있었고, 사람들과 상호적으로 관계하는 모습은 보이지 않았다. 이 시기에 사람보다는 게임이나 새롭게 배우는 것에 집착하였으며, 자신의 존재감이 느껴지지 않으면 사람들을 회피하게 된다는 것을 알게 되었다.

1회기 아내

아내 :

“나의 인생을 돌아보며 어린 시절부터 현재까지 삶의 연대기를 그리고 말로 표현하는 과정을 통해 나를 깊이 들여다보는 의미 있는 시간이었습니다. 기억의 저편으로 밀어 넣어 두었던 어린 시절 기억을 떠올리는 것은 즐겁기도 하고, 힘들기도 했습니다.”

“저의 어린 시절은 일곱 살 이전과 그 이후로 나뉘어요. 일곱 살 이전까지 저에게 결핍이라고는 없었어요. 아빠는 막내딸인 저를 많이 예뻐해 주셨고, 엄마는 늘 제 옆에 계셨어요. 놀다가 돌아보면 항상 엄마가 보였어요. 일하러 가도 저를 늘 데리고 다니셨어요. 저는 들로 산으로 뛰어다니면서 놀았고, 집에 돌아오면 항상 저를 기다리고 밥을 차려주는 엄마가 계셨어요. 그러다 일곱 살 때 아빠가 자동차 사고를 내고, 급하게 도시로 이사를 하게 된 후 저는 캄캄한 방에 혼자 있어야 했어요. 엄마 아빠는 일하러 나가셔야 했으니까요. 혼자서 슈퍼에 갔다가 길을 잃어버린 후에는 무서워서 밖에도 잘 나가지 못했어요. 아무도 없는 집도 무섭고, 친구 하나 없고, 자동차만 많고 복잡하기 만한 집 밖도 두려웠어요.”

아내

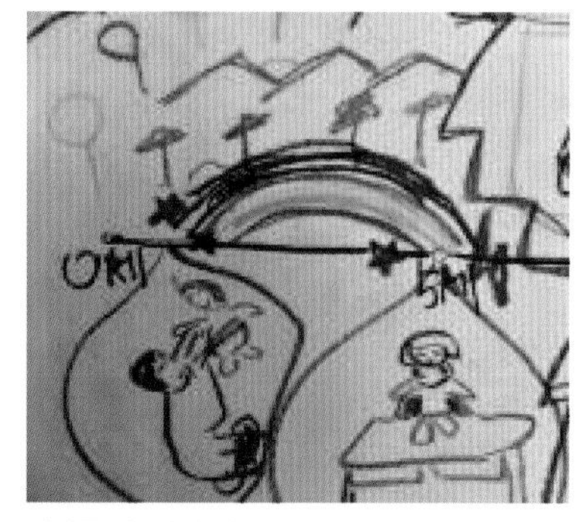

(아무런 결핍이 없던 7세 이전의 모습)

"그래서 늘 잠을 잤어요. 잠을 자야 엄마가 빨리 돌아오고, 또 꿈에서라도 시골집으로 돌아갈 수 있으니까요. 꿈을 꾸고 또 꾸고, 어떤 날은 손에 잡힐 듯이 생생하게 살던 동네가 보여서, 깨어나는 게 너무 아쉬웠어요. 얼마나 간절했는지... 한 번만 돌아가 볼 수 있다면... 어린 나이에도 꽤 오랫동안 그리워했었던 것으로 기억해요."

(아무도 없는 캄캄한 방에서 부모님이 오기만을 기다리며 무섭고 두려워서 잠만 자던 7세 이후)

"학교 끝나고 집에 가려고 하는데 비가 오면 참 낭패였어요. 엄마는 우산을 가지고 저를 데리러 와줄 수가 없으니까. 엄마가 데리러 와주는 집 아이들이 참 부러웠어요. 하늘을 한참 보다가 빗방울이 좀 잦아들면 집에 왔어요."

(비가 오면 아무도 데리러 오는 사람이 없고 혼자 비를 맞고 가는 모습)

상담자 :
"아내분께선 7살 아버지의 사고 이전까지 부족한 것이 없이 사랑을 받으며 자랐던 아이가 새로운 환경 변화에서 위기를 극복하기 위해 할 수 있었던 것은 잠을 자는 것뿐이었을 것입니다. 아무도 없는 캄캄한 집에서 부모님을 기다리며 무서워서 잠을 잤던 것은 그 아이로서 인지적인 기술이 전부였을 거예요. 꿈속에서 그립던 동네에 가볼 수 있어서 계속 잠을 잤던 것입니다. 잠시 슈퍼에 갔다가 집을 잃어버린 사건이 있었기 때문에 그 아이는 움직이는 것조차 할 수가 없게 되어 버린 것입니다. 아이가 겪었을 두려움은 거의 죽을 만큼 무섭고, 외롭고, 불안한 공포였을 것입니다."

"제발 누군가 와 주세요.", "누가 나 좀 구해주세요." 그 아이는 이렇게 외쳤을 것입니다. 그리고 아무도 자신을 구해주러 오는 사람이 없다는 걸 안 것입니다. 7살 그 어린 아이는 어둠 속에서 잠을 청하여 죽을 것 같은 무서움을 극복하고 있었던 것 같습니다.

아내 : 1회기 상담을 통하여 어린 자신을 위해 마음속으로 깊이 울어줄 수 있었습니다. 내가 생각했던 것 보다 '더 큰 상처를 받았구나.', '참 많이 힘들고 외로웠겠구나.'라는 걸 깨달았다고 했습니다. 어린 자신이 받았을 상처를, 두려움을 있는 그대로 외면하지 않고, 무시하지도 않고, 보듬어줄 수 있어야 함을 통찰했습니다.

2회기 남편

남편 :

“어려서부터 분노를 표출해 본 적이 없어요. 뭔가 화내면 큰 일이 터질 것 같았어요. 고등학교 때 축구 경기를 보는데 우리나라를 응원하지 않는다고 한 녀석이 절 때렸어요. 허리가 불편한 녀석이었는데 이 녀석을 의자로 한 대 내치고 싶었는데 참았어요. 그러면 정말 이 녀석을 죽일 것 같았어요.”

“항상 참아서 싸운 적이 없어요. 왜 분노를 표출 못하고 참는지를 잘 모르겠어요. 결혼생활에서도 화가 날 때가 있는데 아내에게 분노를 표출하지 못하는 것 같아요.”

상담자 :

“어려서부터 분노를 표출한 적이 없다고 했는데... 아주 어린 시절로 가볼까요? 5~6세 이때 그림에서 사고가 있어 보이네요. 어떤 일들이 있었는지 기억할 수 있을까요?”

남편 :

“잘 모르겠어요. 5세 때 제가 그 아이를 호미로 왜 쳤는지, 치기 전까지 어떤 감정이었는지는 생생해요. 진짜 화가 났었어요...”

“나에게 소중한 것을 건드렸어요. 망가뜨렸어요. 너무 화가 나서 옆에 있는 호미로 그 아이 머리를 내리쳤어요. 그런데 피가 많이 흘렀고 어른들은 피를 막으며 택시를 타고 병원으로 데리고 갔어요. 그리고 그 다음은 어떻게 된 건지 거짓말처럼 아무것도 기억이 없어요. ‘딱’ 하고 호미로 내리친 이후의 기억은 정말 거짓말처럼 하나도 없어요. 나중에 커서 아버지한테 이후에 어떻게 되었는지만 언뜻 들은 적이 있어요.”

남편

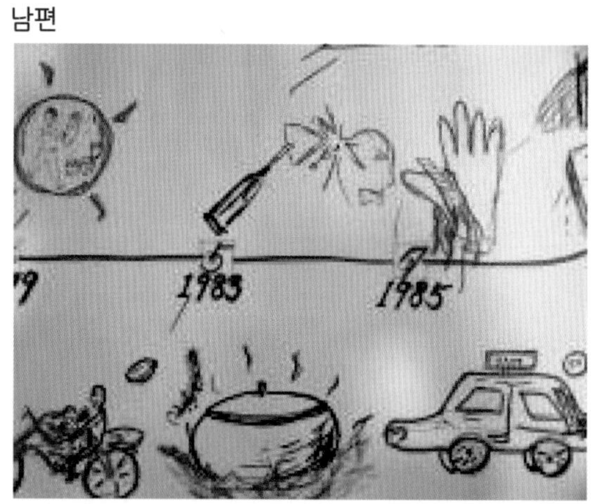

(5세 때 호미로 친구 머리를 내려쳐서 큰 일을 내는 모습)

상담자 :

"라이프 라인에서 표현한 5살 때 호미로 친구의 머리를 친 사건이 분노를 표출할 수 없게 된 결정적 이유가 된 것 같아요."

"5살 아이는 친구 머리에서 피가 철철 흐르는 것을 보고 얼마나 놀랐을까요? 그 모습을 보고 두렵고 무서웠을 텐데 다친 아이에게만 집중했을 어른들의 모습에서 이 아이는 자신이 한 행동이 뭔가 잘못되었다는 걸 느꼈을 겁니다. 화를 참지 못해 호미로 친구의 머리를 내려쳤는데, 그 다음 상황은 어린 아이가 수습하기에는 너무 어려운 큰 일이 벌어진 것입니다. 피를 흘리며 어른들에 의해 병원으로 옮겨가는 모습이 너무 놀라고, 무섭고, 두려웠을 거예요... 어쩌면 친구를 왜 때렸냐고 부모님께 혼이 났을 수도 있었겠지요. 5살 아이는 '화를 표출하면 이렇게 큰 일이 벌어지는구나...' 하고 느끼지 않았을까요?... 그 후 그 아이는 분노를 표출하는 것은 어려운 일이 되었을 것 같습니다. 그 일이 자기 자신이 다시는 기억하고 싶지 않는 무서운 일이기 때문에 의식적으로 내 기억에서 지워버리고 싶었을 것으로 느껴집니다."

남편

(겁 없이 행동했던 어린 시절)

남편 :

"또 하나가 있어요. 저는 어려서 축복 속에서 태어나서 많은 사랑만 받은 줄 알았어요. 새 옷을 입고 흙탕물에 빠져도 어머니께서 아무 말 않고 옷을 갈아입혀 주시고 옷을 세탁해 주실 정도였어요. 그런데 시험공부 안 하고 놀다가 어머니한테 아주 등을 세게 얻어맞은 적이 있었어요. 그때 제가 느낀 것은 어머니의 속상한 감정과 분노를 그대로 읽을 수 있었어요. 그때의 장면은 지금도 생생해요. '내가 공부를 못하면 부모님이 나를 받아주지 않겠구나라고 확신이 들었어요. 생각해보니 무언의 억압과 보이지 않는 통제의 무서움을 줄곧 느껴왔다는 걸 알았습니다."

"시골 중학교에서 그래도 잘했습니다. 그래서 전국의 수재들이 모이는 고등학교 들어갔는데 거의 성적이 꼴찌였어요. 그래도 제가 뭔가 남들보다 잘 할 수 있는 것들을 개발하면서 자존감을 잃지 않으려고 했어요. 이때 다양한 능력을 개발할 수 있었습니다. 저는 제 안에서 뭔가를 항상 찾아가는 방식을 잃지 않았어요. 뭔가를 열심히 하지 않으면 불안했어요."

남편

(시험공부 안 하고 놀다가 등을 맞고 어머니의 분노를 보며 '공부 못하면 날 받아주지 않겠구나!'하고 확신했다.)

상담자 :

"부모님의 무언의 통제와 억압으로 '공부를 못하면 부모님이 나를 받아주지 않겠구나!' 확신하고, 공부를 열심히 하려고 했지만, 공부로는 안 되는 자신을 알고 또 다른 것으로 능력 개발을 위해 끊임없이 노력하는 사람으로 변해갔었네요. 열심히 하지 않으면 불안했던 마음은... 아마도 부모님께 인정받지 못할까봐, 나를 받아주지 않을까봐 자존감을 잃지 않으려고, 그 무언가를 열심히 하지 않았을까요?"

남편

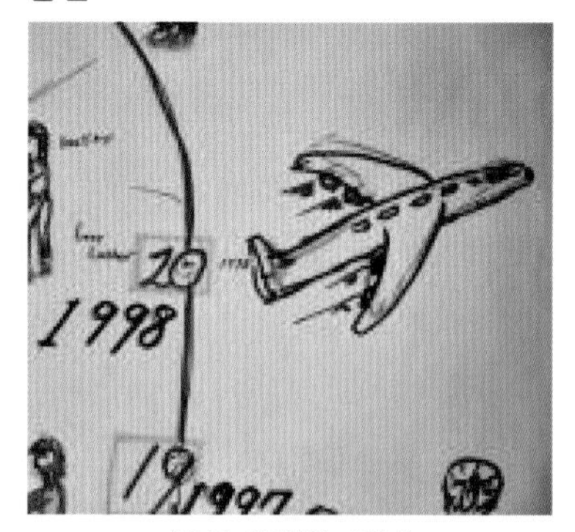

(미국 유학을 떠남)

남편 :

“그러는 과정에서 ‘옳고 그른 것’에 대한 절대적인 편견을 가지게 된 것 같아요. 그런 마음가짐을 가지고 군에 입대해서 그 곳에서 많은 사람들을 만나는 계기는 되었지만 군생활의 규칙적이고 반복적인 비슷한 행동들이 제 편견을 고집하는데 기여한 것 같아요. 그런 마음가짐을 가지고 결혼했으니 아내와 많이 부딪치는 것은 당연했어요.”

“저는 다른 사람의 관점에서 보는 법을 잘 알지 못했던 거예요. 막연히 말을 끊지 않고 들어주는 것 정도로 상대를 이해하고 인정하는 거라고 착각했어요. 그게 쌓이고 쌓여서 결국에는 서로 소통이 되질 않았어요.”

“딱 한번 크게 싸운 적이 있었어요. 끝내려고 했어요. 도저히 아내라는 사람을 이해할 수 없었어요.”

남편

(규칙적이고 반복적인 군대생활)

상담자 :
"분노를 표출할 줄 몰랐던 자신이 아내가 도저히 이해가 되지 않아 끝내려고 했을 때 크게 싸우신 적이 있으셨군요."
"결혼 전까지 옳고 그른 것, 절대적인 편견을 가지고, 아내분과 원만한 소통을 하기란 어려운 일이였을 것입니다."
"학창 시절부터 삶의 의미와 기준을 내 방식대로 정해놓고 그것이 절대적인 기준이라고 생각한 것과, 거기에 사람과의 친밀한 관계의 경험이 부족했던 삶의 모습을 비춰보면 결혼한 아내를 이해하기란 쉽지 않는 일이겠지요. 어린 시절 채워지지 않았던 욕구들, 각자의 상처와 아픔이 무엇인지 알지 못하는 데... 아내를 이해하는 것은 불가능한 일이었을 것입니다."

남편 :
"또 다른 사건은요. 제 든든한 편이 되어주셨던 아버지께서 돌아가시자 저는 홀로 남겨진 것 같았어요. 제가 꾸린 가정을 지키려고 노력했습니다."
"저는 또 다시 일을 찾아 헤매고 있고, 제 자신이 늪 속에 빠져 있는 것 같아서, 그런 제 모습이 힘들게 느껴집니다."
"다행인건 아내도 자신의 일을 잘하고 있고 아이들도 건강하게 잘 자라는 모습을 보면서 가정을 지켰다는 안도감은 들지만 여전히 뭔가를 더 해야 하는 초조감으로 주위에 눈치를 보고 있습니다."

남편

(오랜 유학 생활을 마치고 마침내 돌아옴)

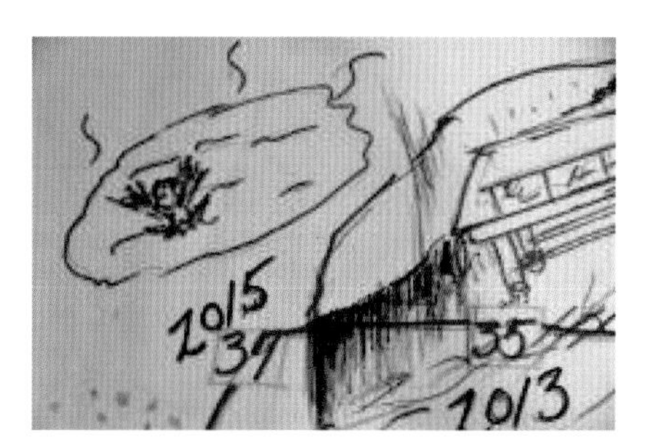

(자신이 늪에 빠져있는 것 같아서 힘듦.)

상담자 :

"늘 든든한 편이 되어주신 아버지가 돌아가시고, 지금은 내편이 없고 홀로 남겨진 것 같은 마음이 들고... 가족을 돌보며 가정을 지키려고 또 다른 일을 찾아 헤매는 자신이 늪 속에 빠져 있는 것 같아서 힘들게 느껴지는군요."

"그렇게 힘들게 느껴지는 이유가 어려서부터 내 자신이 하고 싶은 것을 해보지 못하고 눈치 보는 아이로, 집안의 영웅으로 역할을 하면서 지금껏 끊임없이 변화를 시도해온 것은, 그때마다 성취한 것을 부모님께 보여 드리고 기뻐하시는 모습을 보며 자신의 인정욕구를 채웠던 것으로 보입니다."

"지금도 가족을 지키는 역할로만 살아가는 것이 아니고... 자기 자신의 존재감을 느끼고 존재만으로도 가족들에게 힘이 되고 보호자가 되고 있는 자신의 모습을 보았으면 좋겠습니다. 당신의 존재... 지금 모습 그대로 받아 주어야 될 것입니다."

아내 :

(남편의 라이프 라인을 보면서)

“남편의 어린 시절 이야기를 들으며, 남편을 더 깊이 이해하게 되었다. 남편의 어린 시절 이야기를 들으며 흥미진진했으며, 때로는 가슴 아프게 들었다. 남편이 나를 남편의 인생에 초대하여, 그가 이끄는 대로 시간 여행을 하는 느낌이 들었다. 남편의 설명을 듣는 것도 좋았지만, 상담 교수님의 피드백을 통해 어린 시절의 경험이 남편의 성장에 있어 어떤 영향을 미쳤는지 사건의 의미를 새롭게 알게 되었던 놀라운 시간이었다. 다섯 살 때 호미로 옆집 아이를 때린 후 이마에서 쏟아지는 피를 보고 남편이 받았을 어린아이의 충격이 생생하게 느껴졌다. 어린아이가 감당하기에 너무 큰 공포였기에 기억에서 지워버렸을 것이라는 상담 교수님의 설명을 들으니 이후 남편이 왜 타인에게 화를 내지 못하는 아이로 자랄 수밖에 없었는지가 가슴으로 이해가 되었다. 모범생인 줄만 알았던 남편이 얼마나 까불이였는지, 흥과 끼가 많았던 아이가 왜 그렇게 말 잘 듣는 아이가 되어야 했는지, 그의 이야기를 따라가다 보니 설명하지 않아도 가슴 깊이 이해가 되었다. 남편이 왜 칭찬과 인정에 그다지 기뻐하지 않았는지, 참 별나다고 생각했었는데, 사실은 부모님의 기대가 어린 남편을 무겁게 짓누르고 있었음을 연민의 감정으로 들여다 볼 수 있었다. 어린 남편을 가슴으로 만날 수 있었던 소중한 시간 여행이었다.”

2회기 아내

상담자 :
"그 어린 시절 사건들과 지금 결혼생활과 좀 더 연결해 볼까요? 특히 남편분의 어떤 태도가 나를 어렵고 힘들게 했는지... 남편의 태도 중에 아버지의 무서웠던 모습과 생각나는 것이 있는지 생각해 볼까요?"

(잠시 눈을 감고 생각해 본다.)
아내 :
"여덟 살 즈음이었을 거예요. 당시 돈을 사기당한 아빠가 전화로 무섭게 화를 내던 모습이 떠올라요. "내가 너 죽여 버릴 거야!!! 칼로 찔러 버릴 거야!!!" 소리치던 아빠를 보며 숨도 쉴 수 없을 만큼 무서웠어요. 내가 없어져 버렸으면 좋겠다고 생각했어요. 분명 나에게 화를 내고 있는 것이 아닌데도, 엄청난 공포심에 손가락 하나 까딱할 수 없었어요. 한 번도 본 적 없는 아빠의 모습이, 말로는 표현할 수 없을 만큼 무섭고 두려웠어요. 저는 어른이 되어서도 한 번도 이때 기억을 떠올린 적이 없어요."
"이제야 이해가 돼요. 저는 늘 화를 내는 남자를 보면 본능적으로 얼어붙어요. 너무 무섭고 공포스럽고 두려워요. 뿐만 아니라 남자들이 조금만 인상을 써도 나도 모르게 주눅이 들고 몸이 뻣뻣해져요. 남편도 예외는 아니어서 남편의 표정이 안 좋거나, 언성이 올라가면, 저는 순간적으로 마음도 입도 굳게 닫아버려요. 남편이 왜 화가 났는지, 무슨 일 때문인지 찬찬히 헤아려볼 마음의 여유가 없어요. 남편이 아이들에게 화를 내도, 운전하다 다른 사람에게 화를 내도 모두 저에게 화를 내는 것처럼 느껴졌거든요."

상담자 :

“어린 시절 아버지로부터 받은 공포스러운 이미지가 강력하게 남아, 이후 남편을 비롯한 남성과의 관계에 깊게 영향을 미쳤습니다. 지금까지 남자들을 상대하는 것이 왜 두렵고 힘들었는지 깨닫게 되신 것 같습니다. 어린 시절 상처가 결혼생활에 연결되어 있었던 이유를 잘 이해하셨어요. 그동안 무의식적인 반응을 의식적으로 알아차리게 된 것 만으로도 우리는 더 큰 세상으로 향하는 문을 열 수 있게 된 것입니다.”

아내 :

“라이프 라인을 통해 단지 어린 시절 경험을 떠올려 나를 이해했을 뿐인데 내가 부쩍 성장했음을 느낍니다. 그리고 진심으로 나의 이야기를 들어주고 이해해주려 애쓰는 남편이 옆에 있다는 사실만으로도 깊은 안도감을 느낄 수 있었습니다.”

아내

(항상 부모님이 함께 있어준 친구 집에 놀라간 모습 (세탁소 운영))

남편 :

(아내의 라이프 라인을 보면서)

"제 아내의 어린 시절은 참 불쌍해요. 부모님이 모두 일 나가셔서 비가 와도 아무도 우산을 가지고 오지 않고, 그게 당연하게 여겨질 만큼 버려진 거예요. 저로서는 상상할 수 없어요. 저는 우산 쓰고 가라고 하면 귀찮아서 그냥 가버렸는데, 지금은 그 고마움을 알지만 어린 시절에 그런 부모님의 관심은 지금 생각해보면 당연한 줄 알았으니까요. 그런 게 당연하지 않은 채로 자란 아이도 있을 수 있다는 게 충격이에요. 그게 제 아내인 것도... 뭔가 제가 절대 온전히 이해할 수 없는 아픔이라는 생각이 들어요."

"아내는 캄캄한 밤이 되어도 일 나간 부모님이 돌아오시지 않아 무서워서 이불 속에서 잠이 들었다는 것이 가슴 아프게 느껴집니다. 빛도 없는 어둠 속에서 얼마나 무서웠을까..."

"저는 부모님이 항상 안전하게 지켜 주셔서 상상조차 할 수 없었던 일입니다. 아내가 혼자 있는 것을 왜 그렇게 싫어했는지 조금은 이해가 됩니다."

상담자 :

"놀라워요~!!"

"두 사람의 관계가 도움을 주고받으며 강약을 조절하는 새로운 관계로 발전하고 있는 모습입니다."

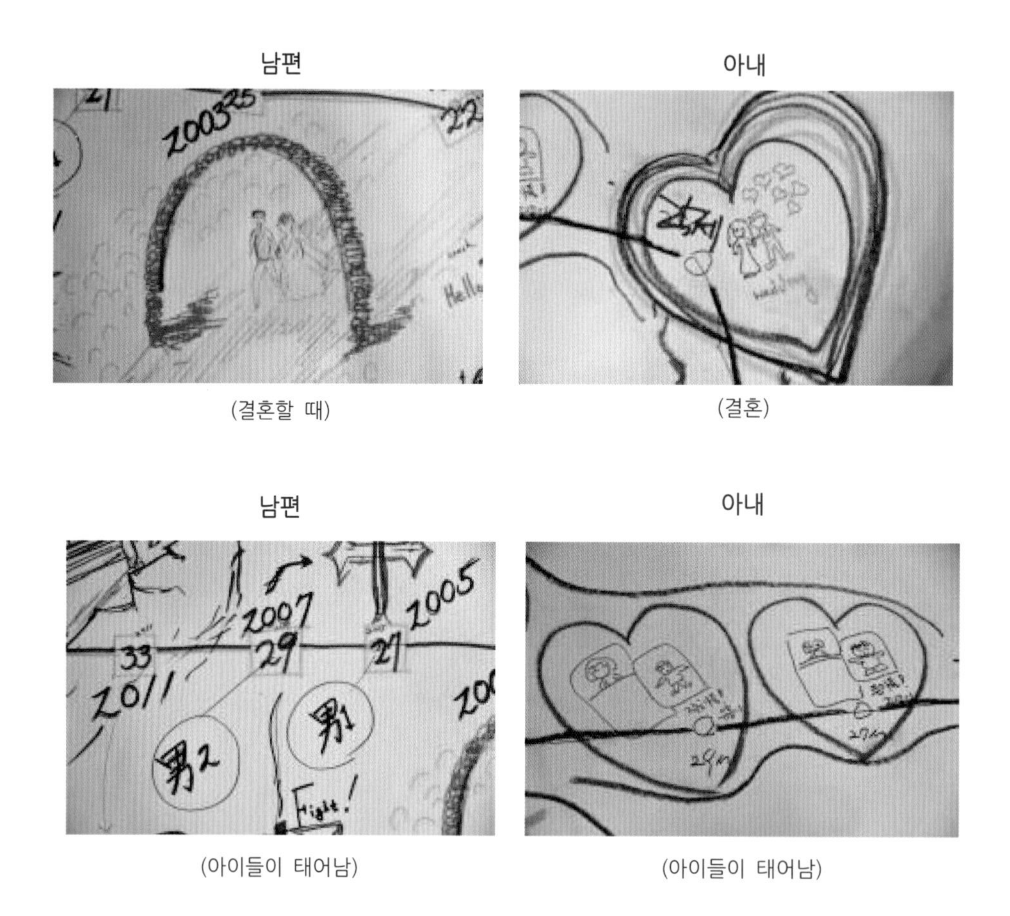

남편

(결혼할 때)

아내

(결혼)

남편

(아이들이 태어남)

아내

(아이들이 태어남)

라이프 라인 상담을 마치며

남편 :

"부부미술치료 상담을 받으면서 우리 부부는 끊임없이 서로를 조명해 보며 서로 보이지 않는 격려를 주고받는 듯한 느낌이다. 언어적 표현 결핍이 있는 자신이 미술이라는 매체를 통하여 깊은 내면을 보면서 쉽고 편안하게 풍요로운 소통으로 연결되는 것을 경험하여 새롭게 느껴졌다. 아내의 어린 시절의 아픔을 들을 때는 지금까지 보고 경험한 아내의 모습이 아니었으며, 지금껏 갖고 있던 편견이 사라지고 전혀 새로운 이미지로 다가왔다. 그래서 아내에게 더 집중하고 서로에게 더욱 관심을 갖게 되었다."

아내

(자신이 자랑스럽게 느껴짐)

아내 :

"저는 지금의 제가 참 자랑스러워요. 저는 지금까지 한 번도 배움의 성장을 멈춘 적이 없어요. 그래서 제 친구나 동료들보다 훨씬 더 많은 능력을 갖추게 되었어요. 그런데 제가 이렇게 성장할 수 있었던 것은 남편의 격려와 지지가 있었기 때문이에요. 남편은 제가 무엇인가를 배우려고 할 때, 한 번도 반대하지 않고, 기꺼이 도와주었어요. 남편에게 참 많이 고마워요. 부모님도 저에게 주지 못한 든든한 지원을 남편이 해주고 있었어요."

"그리고 이번 상담을 받으면서 남편을 더 깊이 이해할 수 있게 되었어요."

"그래서 남편에게 많이 미안해요. 남편은 현재 자신의 모습을 늪에 빠진 것 같다고 했어요. 그렇게 까지 절망스러운 상태인지 몰랐어요. 남편은 재능이 많은 사람이에요. 그런데 왜 저렇게 시간을 낭비하고 있을까...? 저는 늘 남편이 현실에 안주하려드는 것만 같아 내심 못마땅했었어요. 핑계만 댄다고 생각했죠. 누군가의 도움이 절실히 필요했을 텐데... 혼자서 일어서지 못한다고 답답하다고만 생각했어요. 이제 제가 도와줄 차례네요. 남편이 정말 좋아하는 것을 신나고 즐겁고 열정적으로 하는 모습을 보고 싶어요."

"남편을 바라보는 시선도 달라졌어요. 놀고 싶고, 까불대고 싶은 아이가, 부모님의 기대에 부흥하기 위해 말 잘 듣는 모범생 아이로 자라야했을 때 얼마나 답답하고 숨이 막혔을지 안타까운 마음이 상담을 통해 깨달아졌어요. 왜 내가 남편을 칭찬할 때, 인정해주는 말을 할 때 별로 기뻐하지 않았는지, 그게 오히려 남편에게 부담이 되었을 수도 있음을 깨달았고, 남편의 내면에 있는 어린아이를 보게 되자, 남편을 대하는 마음이 이전보다 많이 편안해지고 따뜻해졌어요."

우리 부부는 상담을 통해 어린 시절의 경험을 공유함으로써 더 깊이 상대방을 이해하게 되었다. 솔직하게 상처를 드러냈을 때, 부부가 서로 비난하지도 판단하지도 않고, 따스한 연민의 시선으로 바라봐주고 귀 기울여 들어주었다. 그러자 우리 안에 놀라운 일이 일어났다. 배우자에 대한 새로운 이미지가 형성 되었다. 더 이상 상처받고 힘없는 어린 아이가 아니라, 충분히 지키고 서로를 보호해 줄 수 있는 힘 있는 어른이라는 모습을 발견하게 되었다. 더 이상 슬프고 수치스럽고 고통스러웠던 과거가 놀랍도록 가벼워졌다.

[지점토 인형 만들기] '가장 행복한 나의 모습'

2. 부부미술치료 상담사례 1회기

라이프 라인 (삶의 연대기)

내담자 정보

남편 46세, 아내 42세, 결혼생활 12년째, 11살 딸 하나가 있다.
남편은 한의학 박사이며, 현재 한의원을 운영하고 있다.
아내는 의사이며 대학병원에 근무하고 있다.

상담 동기

4년 전 부부가 본 상담자에게 이혼의 위기 상황에서, 부부상담을 받고 새로운 관계로 치유되고 회복되어 살아가고 있다. 이번 부부미술치료 '라이프 라인' 상담은 부부관계에서 서로에게 따뜻하게 말하고 들어주기를 원하지만 그 부분이 해결되지 않고 반복적인 갈등을 일으키고 있어서 그 원인이 무엇인지 알아보고 해결되기를 기대하는 마음으로 상담을 하게 되었다.

상담 목표

부부가 알아차릴 수 없는 갈등의 원인을 '라이프 라인(삶의 연대기)'를 통해 현재의 결혼생활에서 그들이 원하는 '친밀감' 결여의 원인을 찾아보고, 삶을 재조명 해보며, 부부의 필요한 욕구가 무엇인지 알아보고 의식적으로 서로 돕는 것에 상담 목표를 두었다.

라이프 라인 (삶의 연대기)

남편 (김○○, 46세)

아내 (이○○, 42세)

Life Line

1회기 남편

남편 :
“어린 시절 부모님이 모두 교사이셨습니다. 아버지는 지금 돌이켜보면 정말 훌륭하신 선생님 모습으로 일찍 출근하시고, 누구보다 늦게 퇴근하셨고, 주말에도 출근하신 적이 많아 얼굴 보기가 힘들었습니다. 어머니는 묵묵히 아버지 뒷바라지와 가사 부담으로 새벽부터 일어나셔서 우리 형제들의 도시락을 싸주셨습니다. 그런 어머니께 불만을 가질 수는 없었습니다. 그래도 어머니가 한번쯤 소풍을 따라와 주셨으면 했고, 집에 왔을 때 다른 아이들처럼 반갑게 맞이해 주셨으면 했습니다. 저는 부모님이 계셨어도 부모님과 아무것도 해본 기억이 없습니다.”

남편

(부모님이 계셨지만 정서적 부재)

상담자 :
“부모님이 훌륭한 교사이긴 하셨지만 내가 필요로 할 때 나와 친밀한 시간을 갖지 못하셨군요.”

남편 :
“초등학교부터 고등학교까지 한 번도 본적이 없는 부모님 친구분들의 자녀들과 늘 성적으로 석차를 매기는 비교 대상이 되었습니다.”

상담자 :
“성적으로 비교 대상이 되었을 때 남편분께선 어떤 마음이었을까요? 그 당시 무엇을 어떻게 했었나요?”

남편

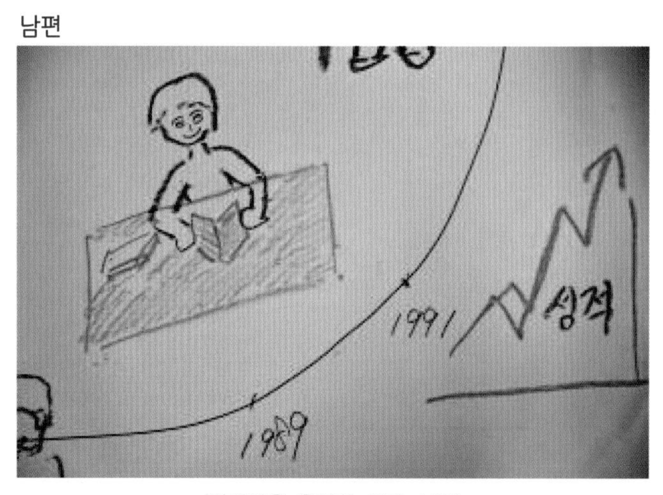

(성적만을 올려야 했던 시기)

남편 :

"고등학교 입학했을 때부터 서울대를 목표로 공부를 정말 미친 듯이 했고, 원하던 점수를 받을 수 있었습니다. 그 후 모르는 것이 있으면 미친 듯이 공부를 하는 버릇이 생겼습니다."

"저에게 가장 힘든 시기는 대학교에서 처음 전공을 접했을 때 입니다. 정말 막막했습니다. 정말 정말 이해가 안 되는데... 아무리 해도 이해가 안 되는데... 선생님, 선배 등 공부를 했다고 하는 모든 분들은 네가 핵심을 못 찾아서 그렇다고 해서, 내 능력의 부족함을 탓하며 좌절감을 겪으며 대학원 박사과정까지 11년을 공부했지만, 누가 나에게 내 전공에 대해 물어도 아는 척 할 수 없었습니다."

"그 심정은 짙은 안개 속에서 방향도 모른 채 선글라스를 끼고 지팡이 하나에만 의지하고 걷는 심정이었습니다."

남편

(가장 힘들었던 시기 - 막막함, 좌절감 속에서)

상담자 :

"어려서부터 공부를 열심히 하신 거군요."

"정말 힘든 시기를 보내셨을 거라 느껴집니다."

"짙은 안개 속에서 방향도 모른 채 선글라스를 끼고 지팡이 하나에만 의지하고 걷는 심정의 표현이 남편분이 얼마나 힘드셨을지 이해가 됩니다."

"부모님과의 친밀함이 보이지 않는데, 아내분을 만나서 결혼하고 지금까지 두 분의 관계는 어떠셨나요?"

남편 :

"아내를 처음 보았을 때 너무 행복했어요. 예쁘고 똑똑하고 올바른 사람이었어요. 이 사람하고는 평생을 같이 해야겠다고 결심을 했어요."

"결혼 후 내 평생의 보물인 딸이 태어났어요. 출산 후 산후조리를 제대로 하지 못한 아내는 산후풍을 심하게 앓았고, 제대로 알지 못한 전공을 가진 채 섣불리 한 한의원 개업은 제대로 운영되지 못했고, 결혼생활은 파국의 경계선까지 치닫게 되었습니다. 그때 상담을 받지 않았더라면 저희 부부는 끝장났었겠지요. 얼마나 다행스러운 일이었는지..."

남편

(첫 만남 & 결혼)

(딸이 태어남)

(부부 갈등으로 이혼 위기)

“2014년 초에 인생의 선생님을 만나게 되었는데, 그 선생님 덕택에 그동안 내가 배웠던 지식들을 꿸 수 있었고, 난 ‘유레카’를 외쳤습니다. 난 22년 만에 숙제를 해결할 단추를 얻었고, 다시 미친 듯이 책을 볼 수 있었습니다.”
“현재 내 옆에 세상에서 제일 소중한, 아내와 딸이 있다는 것만으로도 행복을 느낍니다. 인생의 목표가 까마득히 멀게만 보여서 한때는 절대 다다를 수 없을 거라는 절망감을 주었던 산 정상을 이제는 오를 수 있을 거라는 자신감이 생깁니다. 그 길이 쉽지는 않겠지만, 양손에 잡은 손들이 너무 소중하기 때문입니다.”

남편

(2014, 인생에 선생님을 만나게 됨)

(소중한 사람들과 산 정상을
오를 수 있을 거라는 자신감)

남편은 어린 시절부터 부모님과의 관계의 부재로 지금 결혼생활에서 아내와 딸과의 관계에서 친밀감을 원하지만 어떻게 해야 할지를 모르는 자신의 모습을 발견하고, 결혼생활에서 힘들었던 것과 아내의 어린 시절의 이야기를 통해 두 부부의 상처가 모두 ‘친밀감의 부재’였다는 것을 알게 되었다. 그 부분을 자신의 내면의 상처로 인식하여 치유하고 관계의 회복을 위해 힘쓰고 있다.

아내 :

(남편의 라이프 라인을 보면서)

"남편에 대해 새롭게 이해하게 되었습니다. 한때 오랜 시간동안 감정의 골이 있었고, 부부상담을 통해 새로운 관계 변화가 있었습니다. 그 이후로 저는 남편에 대해 다 안다고 생각했습니다. 남편을 온전히 이해하고 있다고 생각해왔습니다. 하지만, 이번 기회를 통해, 당시 남편의 이해하지 못할 행동의 이유를 알게 되었고, 또한, 당시 남편과 부딪히던 제 행동의 이유도 알게 되었습니다. 남편이 오랫동안 답답하고 힘들었던 상황을 처음으로 알게 되었습니다. 완벽함을 추구하던 이성적인 남편이 목표를 잃고, 선글라스를 낀 채 짙은 안개 속을 걸어가고 있는 상황에서 많이 긴장하고 예민해 있었음을 알게 되었습니다. 남편은 본인의 학문적, 직업적 성취를 완벽하게 도달했을 때 비로소 안정을 느끼고 긴장을 내려놓을 수 있겠다는 생각이 들었습니다. 또한 남편의 최종적인 삶의 목표에 우리 가정이 함께 하고 있음을 알게 되었습니다. 남편에게 인정받고 싶고 위로받고 싶었던 제 마음도 깨닫게 되었습니다."

1회기 아내

아내 :
"라이프 라인 작업을 하면서, 저의 삶을 전체적으로 돌아보는 계기가 되었습니다. 그중에 아버지에 대해 많은 생각을 하게 되었습니다. 저는 어려서부터 아버지를 존경했지만 사랑하는 대상은 아니라고 생각해왔습니다. 또한, 아버지의 저에 대한 관심은 저에 대한 기대감이었을 뿐, 사랑은 아니라고 생각했습니다. 아버지를 많이 원망했습니다. 나 자신에 대한 죄책감이 컸습니다.

상담자 :
"아버지는 나에게 필요한 사랑보다는 기대감만 갖고 계셨다는 말씀이네요. 어린 나는 아버지가 어떤 기대감을 갖고 계신다고 느껴졌을까요?"

아내 :
"공부요~ 공부만 잘 하기를 바라셨어요. 평소에는 아무런 말씀도 안하시다가 제가 좋은 성적을 낼 때만, "잘 했다"고 칭찬해 주셨어요. 평소에는 아버지의 웃는 모습을 본적이 없어요. 늘 입을 꾹 다무시는 무서운 모습이었어요. 그런 아버지의 모습에서 사랑을 느껴 본적이 없어요."

상담자 :
"아버지는 공부 잘하는 딸을 원하셨다는 말씀이군요. 그래서 공부를 열심히 했고 칭찬을 들었지만, 아버지의 모습에선 사랑을 느낄 수 없었다는 거군요. 그래서 아버지의 사랑을 받고 싶은 어린 나는 공부를 열심히 할 수밖에 없었네요."

아내 :

“네, 열심히 했어요.”

아내

(공부를 잘했던 시기)

상담자 :

“한 가지 물어볼게요... 공부를 열심히 했을 때 아버지께서 칭찬을 해주셨는데, 칭찬을 받는 나는 어떤 마음이었는지 기억할 수 있나요?”

아내 :

(곧바로) “인정요. 인정받고 싶었어요... 관심 받고 싶었어요. 아버지가 나에게 말을 해주시는 시간은 그 시간뿐이었어요. 저는 아버지 관심을 받고 싶었던 것 같아요.”

아내

(아버지의 무서운 얼굴이 떠오름).

상담자 :

"아버지께 인정받고 싶고, 관심 받고 싶었던 것이 맞아요... 공부를 잘 했을 때면 유일하게 "잘했다" 그 칭찬의 한마디가 아버지와 연결되는 시간이었어요. 아버지에게 사랑을 받고 싶었던 자신의 모습이 느껴지지 않나요?"

아내 :

"제가 아버지 사랑을 받고 싶다는 것은 상상도 못한 것 같은데요... 아버지는 사랑이 없는 분이라고 생각했거든요..."

"아버지는 제가 의사가 되기를 원하셨어요. 저는 아버지 소원대로 의사가 되었어요."

"수고했다, 고생했다" 말씀은 해주셨지만, 그때도 기뻐하시는 모습은 아니었어요."

"저를 놀라게 했던 건 늘 속만 썩였던 오빠에게는 "아들이 더 행복한 직업을 선택한 것 같다. 아들이 자랑스럽다"라고 하신 말씀을 들었어요. 얼마나 화가 났는지... 아버지가 원망스러웠어요."

아내

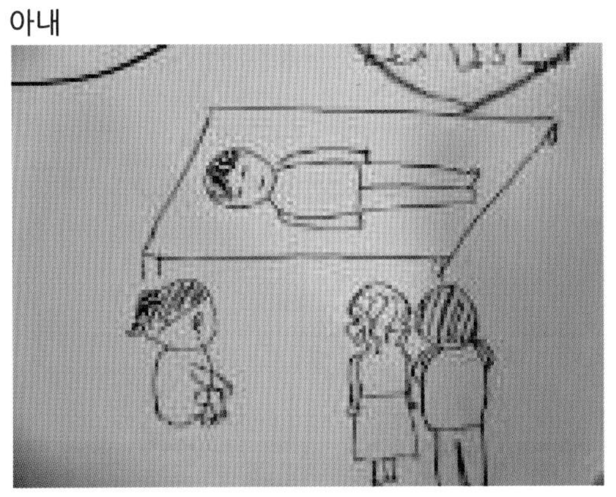

(아버지가 원하는 의사가 되었어도 기뻐하시기 보다는 속 썩인 오빠를 칭찬하시는 모습에 화가 나고 슬픔)

상담자 :

"의사가 되면 아버지가 기뻐해 주실 거라 기대하며 열심히 공부한 결과 의사가 되었어요... 아빠에게 기쁨이 되어 드리기 위해서... 아빠의 웃는 모습을 보기 위해서... 아빠의 사랑을 받고 싶어서... 의사가 되었는데 아빠는 칭찬 한마디 해주지 않으시고, 오히려 속 썩인 오빠를 칭찬해주고 자랑스럽다고까지 해주셨을 때 화가 나고 원망스런 마음이 들었군요."

"음... 여기서 한 가지... 묻고 싶은 것이 있어요. 어려서부터 아내분은 왜 아빠에게 가까이 다가갈 수 없었을까요? 그 이유에 대해서 얘기해 주시겠어요?"

아내 :

(한참을 생각하다...)

"9살 때 어느 날 밤에 아빠랑 엄마만 어딘가를 가셨어요. 저도 따라가고 싶었어요. 그런데 아빠가 안 된다고 하시며 무서운 얼굴로 혼을 내셨어요. 저는 아빠가 무서워서 혼자 집에 남게 되었어요. 그날 밤 저는 혼자서 얼마나 무서웠는지... '어떻게 어린 딸을 혼자 두고 자기들만 갈 수 있을까?...' 아빠, 엄마는 저를 사랑하지 않는 것 같았어요. 그 후로부터 아빠랑 말을 안했던 것 같아요. 아~! 그때부터였네요... 그때부터 아빠 얼굴을 보기가 무서웠고 그 다음부터는 아빠에게 말하기가 겁이 났고 가까이 가지도 못했었던 것 같아요."

상담자 :

"그때부터 아빠와 친밀한 관계를 가져본 적이 없으셨군요."

"그 어린 시절 아빠의 모습과 결혼생활 남편과의 관계에서 연결되어지는 것이 있을까요? 남편의 어떤 모습을 볼 때 가장 힘들어지시나요?"

아내

(캄캄한 밤에 혼자서 무서워 텔레비전과 책을 보고 있다)

아내 :

"내편을 들어주지 않을 때요. 밖에서 힘들었던 일을 남편에게 얘기하면 제 편을 들어주지 않을 때 그때가 힘들어요. 그리고 딸아이에게 큰소리치며 화를 내는 모습을 보면 무슨 아빠가 저럴까... 우리 아이는 얼마나 무섭고 고통스러울까? 그런 생각에 제가 죽을 것 같이 싫고 힘들어져요."

아내

(결혼 후 아이가 태어난 모습)

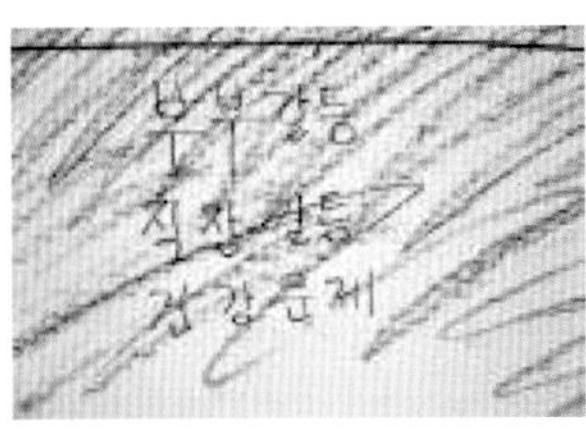

(부부, 직장, 건강의 문제가 한꺼번에 터졌다)

(남편에게 내 자신이 없는 것처럼 느껴질 때)

아내는 어린 시절부터 아버지로부터 인정받고 싶은 욕구가 있었다는 것과 아버지와 소원한 관계의 원인을 알아차리게 되었다. 어린 시절 받았던 상처와 아픔을 알게 되었고, 자기 자신을 깊이 알아차리고 공감해 주었다. 아버지와의 '친밀감'의 부재와 무서웠던 모습이 현재 남편과의 관계에서 어려움이 있었다는 것을 깨달았다.

남편 :

(아내의 라이프 라인을 보면서)

"4년 전 부부상담을 받고 난 후 제 자신이 매우 바뀌었고 예전과는 전혀 다르게 살아간다고 생각했지만, 여전히 과거와 많은 부분 연결되어 있음을 알아차릴 수 있었습니다. 또한 과거에 대한 상처와 아픔을 지워버렸다고 생각했지만, 애써 외면하고 살고있었음도 알아차릴 수 있었습니다. 제 삶을 돌아볼 수 있었고, 잊고 싶었던 상처 고통 또한 제 삶임을 받아들이게 되었습니다. 하지만 그것이 예전처럼 오로지 상처와 고통만으로 남아있진 않게 되었습니다. 흐트러진 책장을 가지런히 정리한 기분이 들었습니다."

"과거의 아픈 기억을 다시 떠올릴 때, 마치 지금 처음 닥친 일인 것처럼 힘들었습니다. 하지만, 오히려 그 당시에는 이해하지 못했던 나 자신을 이해함으로써, 제 상처의 크기를 좀 더 작게 만들어 새로운 공간에 저장시키는 기분이 들었습니다."

"라이프 라인 작업을 통해, 흐트러진 책장과 같던 제 삶을 정리한 것 같고, 아내를 좀 더 이해하게 되었고, 앞으로 건강한 가정을 꾸려갈 수 있을 것 같아 안심이 되었습니다."

아내

(4년 전 부부상담 받고 난 후)

(지금 가족이 서로 사랑하며 살아가는 모습)

3. 부부미술치료 상담사례 5회기

총 5회기 상담

내담자 정보

남편 김 ○○(35세)은 회사에서 생산직 관리 감독을 하는 직책을 맡고 있으며, 아내 박 ○○(35세)은 주부로 부부상담을 받은 적은 없다.

상담 동기

결혼 4년차, 동갑내기 부부로서, 4살 된 아들을 두고 있었고, 남편은 2교대 직장인으로 늘 피곤해하고, 집에 들어와도 아내와 말을 하지 않으려고 피하는 모습, 게임만 하는 모습을 보인다고 했다. 집안에서의 행동이 너무 다르고 밖에서는 친절한 남편 모습에 아내는 남편의 이중성을 느꼈고, 그 때문에 실망과 신뢰감이 생기지 않는다는 것이다.

아내는 하루에 최소한 5번 이상 이혼을 결심하고 이혼한 자기 모습을 상상하고, '어떻게 하면 좋을까?', '어느 시점에 가서 이혼하는 것이 가장 좋을까?'를 생각하며 살았다고 했다.

그러나 아직까지 이혼을 하지 않는 이유는 어린 시절 부모님의 이혼으로 할머니 댁에서 서러움을 받으며 자랐기 때문에 아이를 위해서 이혼을 참고 있다고 했다.

남편 역시 아내와 대화가 잘 되지 않고, 말이 통하지 않고, 매번 말을 하다가 부부싸움이 잦다보니, 부부싸움을 하느니 차라리 말을 하지 않는 것이 낫겠다고 선택을 했다는 것이다.

남편은 아내가 말할 때 자기를 무시 한다는 그런 느낌을 늘 받았으며, 실제로 아내가 말하는 대화중에 "당신이 뭘 알아. 당신은 모르잖아."라는 말을 들을 때면 '저 사람은 나를 무시하고 있구나...'라고 느끼게 되어 아내와 말을 하지 않게 된다고 했다. 그리고 아내가 함부로 판단하고 자기 주장만 내세우는 모습에 힘들었다고 했다.

상담 목표

대화가 원활하지 못하고, 서로를 비난하며 의사소통에 어려움이 있는 부부에게 미술치료를 통해 쉽게 언어화 할 수 있는 상담을 진행하도록 한다.

이 부부를 위한 프로그램은 의사소통의 문제가 무엇인지 알아보고 긍정적 이미지 작업을 통해 그동안 보지 못하고, 느끼지 못한 상대의 마음을 알아가며 서로를 깊게 이해할 수 있도록 돕는 것이다.

프로그램

부부상담 진행 프로그램

내용 / 회기	제목	준비물	목표
1회기	히스토리 부부미술치료이해		현재 부부 갈등 상황을 해결해 나가는데 서로 합의함.
2회기	동물가족화	동물사진, 가위, 풀, 도화지	부부 에너지 흐름과 성격역동을 알아본다.
3회기	이미지 표현	크레파스, 파스텔, 도화지	서로의 긍정적 이미지를 표현하므로 알지 못했던 배우자의 마음을 새롭게 느끼게 된다.
4회기	숨어있는 편지쓰기	크레파스, 물감, 팔레트, 붓, 도화지	말로 표현 못한 감동, 감사의 내용으로 부정성을 갖고 있던 관계에 새로운 이미지 형성이 된다.
5회기	콜라주	다양한 잡지, 가위, 풀, 사인펜, 도화지	부부가 함께 미래에 대한 비전을 세우고 계획한다.

1회기 상담 - 히스토리, 부부미술치료 이해

상담실에 아내가 먼저 들어오고 이어서 남편이 귀찮은 듯 따라 들어왔다. 아내는 긴 머리에 화장을 하지 않았고 편안한 차림을 했다. 남편은 시선을 똑바로 하지 않고 잔뜩 긴장된 모습을 하고 있었다.
부부는 상담을 오게 된 경위와 지금껏 살아온 자신들의 삶에 대한 이야기를 했다.

남편은 2남 2녀 중 누나가 두 명에 셋째 장남으로 태어나 부모님의 지나친 관심과 사랑을 받으며 자랐다고 한다. 반면 아내는 태어날 때부터 부모님의 갈등이 심해서 이혼을 하게 되어, 4살 때부터 할머니에게 맡겨졌고 10살 무렵 아빠가 재혼을 하면서 아빠와 새엄마와 함께 살게 되었다고 한다.

부부의 가장 큰 갈등은 대화가 되지 않는 다는 것이다. 대화를 시작하면 싸우게 되고, 막말을 하게 되어 서로가 상처를 받게 되자, 말을 하지 않고 살아가고 있다는 것이다. 더 이상 이대로는 살 수 없다고 느껴져서 부부상담을 오게 되었다고 한다.

상담자는 대화가 어려운 부부에게 언어적 상담보다는 편안하고 안전하고 방어기제가 없는 미술치료 상담을 권유했다.

부부는 미술치료에 대한 설명을 듣고 이해한 후 말을 하지 않고 하는 상담방법에 두 사람 모두 "좋습니다."라고 상담을 동의하였다. 2회기 상담부터 '부부미술치료' 상담을 진행하기로 했다.

2회기 상담 - 동물가족화 이미지

"우리 부부는 말만 하면 화가 나고 싸우게 돼요."
"상대방 목소리를 듣는 순간 공격하게 돼요."

프로그램 진행 방법

동물가족화 이미지를 통해 가정 안에서 부부의 에너지 흐름과 역동을 이해할 수 있게 된다. 다양한 동물 그림, 사진을 준비하여 자신과 배우자의 이미지와 닮은 동물을 선택하여 오려 붙이고, 그 동물의 이미지 내용을 적어본다.

〈부부 동물가족화〉

남편		아내	
자신	배우자	자신	배우자
원숭이	여우	고양이	고양이
얍삽하고 잔머리를 잘 굴리는 모습	환경에 잘 대처하고, 자신에게 유리한 쪽을 선택하는 모습	화가 나면 할퀴고 사나운 모습	잠을 자는 것 좋아하고 게으르며 때로는 행동이 빠르고 다툴 때면 할퀴고 사나운 모습

남편은 자기 자신을 원숭이라고 표현했으며, 원숭이라고 표현한 이유는 원숭이가 얍삽하고 잔머리를 잘 굴리기 때문이라고 했다. 남편이 본 아내는 여우라고 했으며, 여우의 이미지는 환경에 잘 대처하고 자신에게 유리한 쪽을 선택하는 것이 닮았기 때문이라고 했다.

아내는 자신과 남편을 모두 고양이로 표현했다. 자신의 고양이는 화가 나면 할퀴고 사나운 고양이라고 했으며, 남편 고양이는 잠자는 것을 좋아하고, 게으르고, 어슬렁거리고, 행동할 땐 잽싸고, 다툴 때는 할퀴고 사납기 때문이라고 했다.

동물을 통해 나타난 부부의 에너지 역동

동물의 크기나 이미지 표현에서 나타난 부부의 에너지는 거의 비슷한 수준이다. 어느 한쪽이 더 크고 강한 에너지를 갖고 있지 않게 보였다. 남편과 아내의 동물가족화를 통해 본 두 사람의 에너지는 서로를 공격하기 위해 주시하고 있다는 것을 발견하게 되었다.

아내가 남편을 생각할 때, 남편은 집에 오면 말도 하지 않고 방으로 들어가 버리거나 잠을 잔다거나 게임만 하는 모습들이어서 자신을 피하는 사람으로 느껴졌었다. 그런 남편 모습을 보면 짜증이 나고, 화가 나고, 밉고, 보기 싫게 느껴진 것은, 집에 오면, 내 말을 들어주고, 물어봐 주고 아이와도 놀아주기를 원했는데... 내 말도 들어주지 않고 게임에 빠져있는 모습을 보면 화가 나서, 비난하고 공격을 하게 되었다는 걸 깨달았다.

아내는 남편과의 친밀한 관계를 원하고 있었다. 아내는 어린 시절에 부모님이 이혼하면서 함께 살 수 없는 상황이 되어 할머니 집에서 자라게 되었으며, 할머니는 다른 손주들 보다 유난히 내담자를 미워하셨다고 한다. (부모가 미우니까 그 자식도 밉다고 하심...)

남편은 밖에서 일하고 집에 들어오면 힘든 것도 알아주고, 위로도 받고 싶은데... 짜증내고, 인상 쓰고, 비난하는 아내를 보면서 자신을 무시하고 자기주장만 내세우는 아내 모습이 싫다고 했다. 자신은 아내에게 인정받고 싶다고 했다.

2회기 상담 : 동물가족화 이미지를 작업한 부부 에너지는 비슷한 것으로 나타났다. 서로에게 양보나 이해가 없었던 것은, 자신의 욕구만을 배우자로부터 채워지길 기대하고 있었기 때문이다.

3회기 상담 - 자신의 이미지와 배우자 이미지 표현

우리의 내적 갈등을 표출하기 위해서는 내 자신의 이미지와 또한 배우자에 대한 이미지를 표현함으로써 배우자의 솔직하고 진실된 마음을 볼 수 있게 된다. 서로를 쉽게 판단하는 것은 감정과 이성 사이에 부부 갈등을 일으키는 원인이 된다. 그러므로 이미지를 사용할 때 판단을 하지 않게 되고 있는 그대로의 경험과 감정을 표현하게 된다.

프로그램 진행 방법

지금까지 부부가 함께 살아오면서 긍정적인 모습과 부정적인 모습을 떠올려 본다. 조용히 천천히 두 사람의 이미지를 떠올려 본다. 먼저 나의 이미지를 떠올려 본 다음 배우자의 이미지를 떠올려 본다. 떠오르는 이미지를 그림으로 표현한다.

※3회기에서, 자신의 이미지와 배우자의 이미지 2개의 이미지 작업을 함.

남편의 표현 이미지

남편은 자신의 이미지를 밖에 나가서 밝은 모습의 사람이고, 집에 들어오면 항상 찡그린 얼굴을 하는 모습을 그렸다.

아내에 대해서는 아이와 함께 자고 있는 모습을 그렸다. 그 이유는 집에 돌아오면 항상 아내가 아이를 데리고 자고 있는 모습을 보기 때문이라고 했다. 2교대 근무를 하는 남편은 아침에 퇴근할 때가 있고, 출근할 때도 있는데 잠만 자는 아내를 보면 자신이 무시 받는 것 같이 느껴졌다고 표현했다.

[남편이 본 자신의 이미지]

(자신이 웃고 있는 모습과 화가 난 모습은 집과 밖에서의 각각 다른 얼굴을 나타내는 이미지를 표현함)

[남편이 아내를 본 이미지]

(집에 돌아오면 아내와 아이는 늘 자고 있어서 잠자는 모습으로 표현함)

남편 :
"사실 아내하고 아이가 자고 있는 모습을 보면 옆에 가서 살며시 눕고 싶었어요. 그런데 저는 그걸 못해요. 그러니까... 내가 곁에 가면 자고 있는 아내하고 아이를 깨우게 될까 봐서요. 평상시 아내의 잠귀가 밝은데, 한 번 깨면 다시 잠들기가 어려워서 혹시라도 깰까 봐 옆에 가지 않았습니다."

(남편의 이미지 설명을 듣던 아내)

아내 :
"내 말도 안 들어주고, 내 말도 귀담아 듣지 않고 나와 말하기 싫어서가 아니라 자고 있는 나를 배려해 준 거라고요...?"
(의아한 듯... 놀라는 표정...)
"사실... 당신이 한 번도 우리 곁에 와주지 않으니까 기다려도 와주지 않으니까... 얼굴을 보면 싸울 것 같으니까... 그래서 더 잔건데..."
(아내가 한참 슬프게 울었다.)

남편 :
(남편도 미안한 표정으로)
"....응... 그것이 내가 당신을 배려하고 생각해주는 내 마음이었어."

아내 :
"너무너무 미안한 마음이 들어요. 당신이 그렇게 배려해준 마음도 모르고 거꾸로 오해하고 있었어요. 당신이 날 피한 것이 아니라 당신도 우리 곁에 오고 싶었는데, 나를 배려해주고 오히려 잠을 자게 해주기 위해서 옆에 안 왔다는 거잖아요."

[아내가 본 자신의 이미지]
(연못으로 표현하며, 연못에 비치는 사람은 남편이라고 함.
자신을 잘 바라봐주는 것 같아서 연못으로 표현함.)

[아내가 남편을 본 이미지]
(남편을 통해서 자신의 모습을 볼 수 있어서 거울로 표현함)

아내의 표현 이미지

아내가 표현한 자신의 이미지는 연못으로 표현했으며 연못에서 비치는 사람은 남편이고 자신을 바라봐주는 거 같아서 그렇게 표현했다고 한다.
아내가 본 남편의 이미지는 남편의 모습을 통해서 자신을 볼 수 있어서, 거울로 표현했다고 한다.

아내 :
"그래요... 당신은 나의 거울이구나. 내 행동이 당신에게 그대로 비쳐지기 때문에... 나의 행동에서 당신은 나의 좋은 것도 나쁜 것도 그대로 비쳐주고 있었어. 그런데 나쁜 게 더 많이 비쳤던 것 같아."
"더욱이 내 연못을 당신이 들여다보고 있을 때면 내 연못물이 맑지 않은 것 같았어. 그래서 내가 당신에게서 내 모습이 보여지면 싫고 화가 났었어. 왜 그런지 난 내 셀프 이미지는 그렇게 건강하지 않았던 것 같아."
"사실 나는 당신이 내 말을 들어주지 않는 것 같아 속상했었는데... "
"난 어려서부터 단 한번이라도 누군가가 내 말을 제대로 들어준 적이 없었어. 그래서 난 당신이 내 말을 들어주길 바라는 간절한 마음을 가지고 살았던 거야."

3회기 상담 : 그동안 말로 표현 못해 서로의 마음을 알 수 없었고, 표현하는 방법도 몰랐던 부부가 미술치료를 통해 솔직하고 진실한 마음을 알게 되었다고 했다. 이미지 표현을 통해서 서로를 위해 주고 있는 모습이 오히려, 서로에 대해 싫어한다고 오해를 하고 있었다는 것을 알게 되었다. 부부의 관계가 '순간' 변화되는 모습은 배우자에게 그토록 원했던 마음을 얻게 된 때라고 했다.

4회기 상담 - 숨어있는 편지쓰기

평소에 배우자의 긍정적인 모습을 자세히 글로 써서 표현한다. 또한 결혼생활 중 표현하지 못했던 일들 중에 고맙게 느끼고 있었던 내용을 글과 그림을 섞어서 표현한다.

프로그램 진행 방법

배우자에게 격려와 지지 등의 하고 싶은 말들을 흰색 크레파스를 사용하여 글 또는 그림으로 남긴다. 편지 쓰기가 끝나면 서로 쓴 편지를 교환한다. 좋아하는 색의 물감을 천천히 칠해 내려갈 때 마다 배우자가 써준 글이나 그림을 보면서 그동안 알지 못했던 배우자의 마음도 알게 되고, 그토록 듣고 싶었던 말을 듣게 되어 서로가 감동을 받게 된다.

이것은 마치 숨어있던 마음의 보석을 한자 한자 찾아내고 발견해 가면서 춥고 어두운 새벽을 지나 밝은 태양빛이 떠오르듯 부부의 가슴이 뭉클해지고 따뜻해지는 감격스러움을 경험하게 된다.

(남편이 아내에게 쓴 편지)

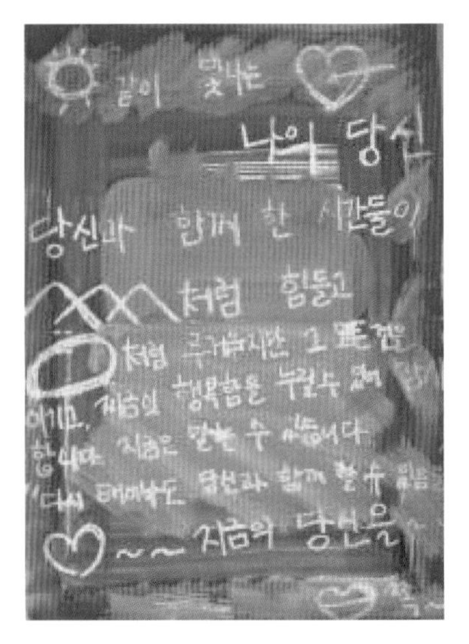

(아내가 남편에게 쓴 편지)

아내 :
"제 남편은 말로 표현 하는 것을 잘 못하는 사람이에요. 아니... 글로도 문자도 안 보내는 사람입니다."
"그런데 이렇게 말을 잘하는 사람인줄 몰랐어요. 진짜 이렇게 말을 잘하는 사람인줄 몰랐어요. 당신 정말 당신이 쓴 거 맞아??"

남편 :
"내가 쓴 거 봤잖아~! 봤으면서..."

아내 :
"이런 마음의 글을 제 남편이 한 것이란 게 믿어지지 않아요. 이렇게 할 수 있다는 것이 꿈만 같아요. 제 남편이 쓴 편지요..."

상담자 :
"색칠을 하면서 내용을 보셨지만, 이제 서로에게 직접 읽어주세요."

(편지를 읽는 동안, 아내는 계속 울었으며, 남편도 울면서 아내 눈물을 닦아주었다.)

아내 :
"아무 것도 몰라준다고 생각했어요. 아니 모르는 사람인 줄 알았어요."
"그래서 절망적이었어요."
"지금 이렇게 편지를 받고 보니까 마음이 다 치유된 것 같아요. 감동이에요."
"남편의 마음이 어떤 마음인지... 알 것 같아요."

남편 :

"저도 아내가 이렇게 속이 깊은 줄 몰랐습니다."

"비난만 하는 사람이라 생각했는데, 이렇게 따뜻한 말을 하고 싶었던 것을 방으로만 들어가 버렸으니……"

"여보~ 미안해…!! 당신 마음을 몰라줘서… 그리고 고마워~!!"

"그동안 많이 속상했을 텐데 나에게 이런 편지를 써줘서……"

상담자 :

"정말 두 분이 기뻐하시는 모습을 보니 저도 가슴이 벅찹니다."

4회기 상담 : 숨어있는 편지 쓰기를 통해서 아내는 남편의 이미지가 새롭게 바뀌었다고 했다. 상담하는 과정에서 남편은 편지쓰기 내용보다 더 많은 표현들을 했다. 다른 보통 사람들보다 훨씬 언어로 표현을 잘하는 모습이었다. 평소에 말을 안 해서 벽처럼 느껴졌다는 아내는 남편의 다른 모습에 놀라워했다.

남편은 아내가 자신에게 진짜 말 못하는 사람이라고 했는데 말을 어떻게 해야 할지 몰랐다고 한다. 말을 하면 부딪치게 되니까 말을 안 하기로 했다는 것이다. 그런 시간이 지나가면서 점점 말을 안 하게 되고 자기만의 공간으로 도망간 것을 알게 되었다.

5회기 상담 - 콜라주 '비전 세우기'

부부관계가 성장하도록 돕기 위한 작업이다. 부부로 하여금 아프고, 힘들고, 좌절했던 과거보다는 치유를 경험하면서 미래에 대하여 소망을 가지고 새로운 비전을 꿈꾸게 한다.

프로그램 진행 방법

다양한 잡지책과 가위, 풀, 스케치북을 준비한다. 먼저 부부가 함께 20년 후에 함께 하고 싶은 비전을 세운다. 20년 후에 함께 하고 싶은 내용들을 잡지책에서 찾아 스케치북에 오려 붙인다. 서로 대화를 나누며 함께 미래를 만들어 가는 작업이다.

주제 : '20년 후의 부부의 모습'

20년 후면 60세인데, 60세가 되었을 때 부부가 함께 이루게 될 미래의 모습을 상상하며 어떤 모습으로 변화되어 있을지를 부부가 대화를 나누면서 작업을 하기 시작했다. 잠깐 남편을 통해 자녀 이야기가 나왔는데 아내가 자녀보다는 우리가 함께 잘 사는 것이 중요하다고 말해주며, 함께 아름다운 가정을 꾸며가자고 했다.

맨 윗줄의 '세월이 흘러도 변함없는 사랑! 우리 삶이 행복해'하고 남편이 먼저 말하자 아내가 만족해하며 제목으로 정하고 싶다고 했다. 아내는 정 중앙에 기와집과 자연 풍경을 붙이며 시골에 한옥 같은 집에서 가족들이 함께 살면 좋겠다고 했고, 남편은 아내의 선택에 만족해했다.

아내는 두 사람이 함께 하는 모습이 담긴 잡지를 선택하고, 멋지고 자신감 넘치며 열정적으로 살아가는 부부가 되자고 표현하며, 부부가 함께 여유롭게 여행도 가고, 예쁜 정원에 식물을 키우고, 맛있는 과일도 많이 맺었으면 좋겠다고 하며 뿌리채소들의 그림을 선택해 붙여 주었다.

마지막으로 오렌지를 붙이면서는 상큼한 부부관계가 되었으면 좋겠고 리마인드 웨딩도 했으면 좋겠다고 했다. 사진을 선택하는 과정에서 아내는 남편과 의견을 계속 나누면서 작업을 하였고, 아내가 그림을 선택하는 편이고 남편은 아내가 고른 그림을 좋다고 동의하면서 선택한 사진들을 전지에 배열하면서 붙이기를 담당했다. 작업을 하면서 서로가 하는 것에 칭찬과 격려를 해주었다.

5회기 상담을 마치며

남편 :

"오늘 작업은 가슴 벅차고 기쁩니다. 미래를 계획하고 보니까 하루하루가 재미있을 것 같습니다. 서로가 배려하고 대화를 하면서 작업을 하니까 마음이 편안하고, 지금처럼 변함없이 서로를 존중하면서 오늘 이 모습 그대로 **당신이랑 끝까지** 살고 싶어요."

"사랑해요~ 여보~!!"

아내 :

"오늘 비전 세우기도 좋았지만 함께 작업하면서 느낀 것은 내 인생에 당신을 만난 것이 **최고의 선물**이란 걸 깨달았어요."

"당신과 함께라면 저는 행복할 것 같아요."

"이제 나에겐 **당신**만 있으면 돼요.~"

"당신이 제일 소중하단 걸 알았어요."

"미래에 당신이 함께 있어서 최고 좋아요~!!"

(어린 아이처럼 좋아하며 남편에게 안겼다.)

상담자 :

"좋아요. 두 분 사랑의 포옹을 해주세요. 아주 꼬옥~!!"

5회기 상담을 진행하면서 부부가 회기마다 '철커덕' 하며 연결되는 모습에 놀랐다. 부부는 서로에 대해 알아차리고, 각자의 욕구를 채워가고...
한 스텝 한 스텝 서로의 템포에 맞춰 춤을 추는 것처럼 보였다.

(인생나무)

참고문헌

Ball, B. (2002). Moments of change in the art therapy process. *The Arts in Psychotherapy, 29(1)*, 79-92.

Barth, R. J. & Kinder, B. N. (1985). The use of art therapy in marital and sex therapy. *Journal of Sex & Marital Therapy, 11(3)*, 192-198.

Beckerman, N. & Sarracco, M. (2002). Intervening with couples in relationship conflict: Integrating emotionally focused couple therapy and attachment theory. *Family Therapy, 29(1)*, 23-31.

Bigge, M. L. & Shermis, S. S. (1999). *Learning theories for teachers* (6th ed.). New York, NY: Longman.

Caskie, P. D. (1994). What kind of system is the family? *Family Systems, 1(1)*, 7-19.

Christensen, L. L., Russell, C. S., Miller, R. B. & Peterson, C. M. (1998). The process of change in couples therapy: A qualitative investigation. *Journal of marital and Family Therapy, 24(2)*, 177-188.

Cole, C. L. & Cole, A. L. (1999). Marriage enrichment and prevention really works: Interpersonal competence training to maintain and enhance relationships. *Family Relations, 48(3)*, 273-275.

Driver, J. L. & Gottman, J. M. (2004) Daily marital interaction and positive affect during marital conflict among newlywed couples. *Family Process, 43(3)*, 301-314.

Epstein, N., Baucom, D. H. & Rankin, L. A. (1993) Treatment of marital conflict: A cognitive-behavioral approach. *Clinical Psychology Review, 13(1)*, 45-57.

Gardner, H. (1999). *Intelligence Reframed: Multiple Intelligences for the 21st Century*. New York, N.Y. Basic Books.

Gottman, J. M., Coan, J., Carrere, S. & Swanson, C. (1998). Predicting marital happiness and stability from newlywed interactions, *Journal of Marriage and the Family, 60(1)*, 5-22.

Hendrix, H. (1988). *Getting the love you want: A guide for couples*. New York, N.Y.: Harper Perennial.

Johnson, S. M. & Greenberg, L. S. (1988). Relating process to outcome in marital therapy. *Journal of Marital and Family Therapy, 14(2)*, 175-183.

Junge, M. B. & Asawa P.P. (1994). *A History of Art Therapy in the United States*. Mundelein, IL: American Art Therapy Association.

Kelly, J. B. (2000). Children's adjustment in conflicted marriage and divorce; A decade review of research. *Journal of the American Academy of Child and Adolescent Psychiatry, 39(8)*, 963-973.

Krishnakumar, A. & Buehler, C. (2000). Interparental conflict and parenting behaviors: A meta-analytic review. *Family Relations, 49(1)*, 25-33.

Kwiatkowska, H. (1967). Family art therapy. *Family Process 6(1)*, 37-55.

Larson, J. H. (2000). *Should we stay together; A scientifically proven method for evaluating your relationship and improving its chances for long-term success*. San Francisco, CA: Jossey-Bass.

Lebow, J. L. (1984). On the value of integrating approaches to family therapy. *Journal of marital and Family Therapy, 10(2)*, 127-138.

Levy, S. Y., Wamboldt, F. S. & Fiese, B. H. (1997). Family-of-origin experiences and conflict resolution behaviors of young adult dating couples. *Family Process, 36(3)*, 297-310.

Miles, L. & Miles, R. (2000). *The New Marriage: Transcending the happily-ever-after myth.* Fort Bragg, CA: Cypress House.

Oppawsky, J. (2000). Parental bickering, screaming, and fighting: Etiology of the most negative effects of divorce on children from the view of the children. *Journal of Divorce and Remarriage, 32(3/4)*, 141-147.

Quail, J. M. & Peavy, R. V. (1994). A phenomenological research study of a client's experience in art therapy. *The Arts in Psychotherapy, 21(1)*, 45-57.

Reynolds, M. W., Nabors, L. & Quinlan, A. (2000), The effectiveness of art therapy: Does it work? *Art Therapy, 17(3)*, 207-213.

Riley, S. (2003). Art therapy with couples. In Malchiodi, C.A.(Ed.) *Handbook of art therapy* (pp. 398-398). New York, N.Y.: The Guilford Press.

Riley, S. & Malchiodi, C. A. (1994). *Integrative approaches to family art therapy.* Chicago IL: Magnolia Street Publishers.

Riley, S. & Malchiodi, C. A. (2003). Family art therapy. In Malchiodi, C. A. (Ed.). *Handbook of art therapy* (pp. 387-398). New York, N.Y.: The Guilford Press.

Rosal, M. (1989). Master's papers in art therapy: Narrative or research case studies? *The Arts in Psychotherapy*, 16, 79.

Rosal, M. (1993). Comparative group art therapy research to evaluate changes in locus of control in behavior disordered children. *The Arts in Psychotherapy, 20*, 231-241.

Rubin, J. A. (1999) *Art Therapy: an Introduction.* Lillington, NC. Edwards Brothers

Saunders, E. J. & Saunders, J. A. (2000). Evaluating the effectiveness of art therapy through a quantitative, outcomes-focused study. *The Arts in Psychotherapy, 27(2)*, 99-106.

Shechtman, Z. & Perl-Dekel, O. (2000). A comparison of therapeutic factors in two group treatment modalities: Verbal and art therapy. *Journal for Specialist I Group Work, 25(3)*, 288-304.

Singer, J. (1992) *Boundaries of the soul; The practice of Jung's psychology*. Doubleday, New York.

Sprenkle, D. H. (2003). Effectiveness research in marriage and family therapy: Introduction. *Journal of Marital and Family Therapy, 29(1)*, 85-96.

Wadeson, H. (1980). *Art psychotherapy*. New York: John Wiley & Sons.

김선현. (2006). *마음을 읽는 미술치료*. 넥서스BOOKS

바바라 개님. (2005). *몸과 마음을 살리는 미술치료*. 옮긴이: 노부자, 김미형, 김옥경, 석미진. 도서출판 예경

정현희. (2006). *실제 적용 중심의 미술치료*. 학지사

한국미술치료학회 편. (1994). *미술치료의 이론과 실제*. 동아문화사

Doris Banowsky Arrington, Ed. D., ART-BC. (2013). *가족미술치료 그림 안에 가정이 보인다*. 옮긴이: 전순영, 신지현, 박수정, 팽은경, 하나의학사

부부미술치료의 실제
Couple Art Therapy

초판 인쇄 2018년 10월 20일
초판 발행 2018년 10월 20일

저 자 김 순 초
펴낸 곳 만남과 치유 (Meeting & Healing)

주 소 서울시 송파구 위례성대로 12길 34, 201호
(방이동163-9)
E-Mail : counseling@naver.com
Telephone : 070-7132-1080

정 가 22,000 원
잘못 만들어진 책은 본사 및 구입처에서 교환해 드립니다.
ISBN : 978-89-967463-8-6 93180